LES MARCHÉS FINANCIERS INTERNATIONAUX

Les t**o**pos

Éco Gestion
Économie du travail, G. Tchibozo
Économie et gestion bancaire, P.-C. Pupion
Gestion des ressources humaines, L. Cadin, F. Guérin
Histoire économique de la France depuis 1945, F. Cochet
Inflation, désinflation, déflation, J.-F. Goux
Introduction générale à la gestion, F. Cocula
La communication externe de l'entreprise, M.-H. Westphalen
La communication interne de l'entreprise, T. Libaert, N. d'Almeida
La gestion de production, A. Gratacap
La grande crise 1929-1939, F. Cochet
La monnaie, S. Brana, M. Cazals
La pensée économique classique 1776-1870, J.-T. Ravix
La politique économique conjoncturelle, P. d'Arvisenet
La politique fiscale dans les pays industrialisés, C. Heckly
Le dollar, M. Dupuy
Le leadership américain, É. Crémieu
L'euro, P. Kauffmann
Les études de marché, D. Caumont
Les NPI asiatiques, J.-F. Dufour
Les marchés financiers internationaux, A. Scannavino
Les modèles appliqués de la macroéconomie, A. Épaulard
Les nouvelles approches de la croissance et du cycle, É. Bosserelle
Les transformations économiques en Europe de l'Est depuis 1989, É. Magnin
Mutations économiques et sociales en France depuis 1973, C. Euzéby
Population et société françaises, N. Sztokman

Retrouvez tout le catalogue sur le Web :
http://www.dunod.com

Aimé Scannavino

LES MARCHÉS FINANCIERS INTERNATIONAUX

DUNOD

Conseiller éditorial pour cet ouvrage :
Frédéric Poulon

© Dunod, Paris, 1999
ISBN 2 10 003433 2

Toute représentation ou reproduction intégrale ou partielle faite sans le consentement de l'auteur ou de ses ayants droit ou ayants cause est illicite selon le Code de la propriété intellectuelle (Art L 122-4) et constitue une contrefaçon réprimée par le Code pénal. • Seules sont autorisées (Art L 122-5) les copies ou reproductions strictement réservées à l'usage privé du copiste et non destinées à une utilisation collective, ainsi que les analyses et courtes citations justifiées par le caractère critique, pédagogique ou d'information de l'œuvre à laquelle elles sont incorporées, sous réserve, toutefois, du respect des dispositions des articles L 122-10 à L 122-12 du même Code, relative à la reproduction par reprographie.

Danger, le photocopillage tue le livre ! Nous rappelons que toute reproduction, partielle ou totale, de la présente publication est interdite sans autorisation du Centre français d'exploitation du droit de copie (CFC, 20 rue des Grands-Augustins, 75006 Paris).

Sommaire

Introduction 7

Chapitre 1
Eurodevises et crédits internationaux

I. L'émergence et l'essor des marchés d'eurodevises 10
  1. Les origines des eurodevises et des eurobanques 10
  2. L'essor des euromarchés 11
  3. La montée en puissance 13

II. Les eurobanques 16
  1. L'émission d'eurodevises 16
  2. Les ressources collectées 19

III. Les eurocrédits 24
  1. Les raisons d'être des eurocrédits 25
  2. Les diverses formes d'eurocrédits 25
  3. Le montage des eurocrédits 30
  4. L'essor des eurocrédits 32

IV. Les risques des euromarchés 34
  1. Euromarchés et système financier international 34
  2. Les risques pour une eurobanque 34

Chapitre 2
Les émissions internationales de titres

I. Les obligations internationales 37
  1. L'émergence et l'essor des émissions obligataires internationales 39
  2. Les émissions d'euro-obligations 40

4 | LES MARCHÉS FINANCIERS INTERNATIONAUX

	3. Les émissions étrangères	46
	4. Diverses obligations internationales	47
II.	Les euro-billets de trésorerie et les euro-effets	49
	1. Les euro-effets garantis	50
	2. Les facilités non garanties	51
III.	Les actions internationales	51

Chapitre 3
Les marchés dérivés

I.	Les swaps et leurs marchés	53
	1. Des instruments financiers précurseurs des swaps	55
	2. Les swaps de taux d'intérêt	56
	3. Les swaps de devises	62
II.	Les marchés de contrats à terme	62
	1. Les principes d'un marché à terme	63
	2. Les marchés à terme de devises et la couverture du risque de change	65
	3. Les marchés à terme et la couverture du risque de taux d'intérêt	70
	4. La couverture des risques liés aux évolutions d'un indice boursier	74
II.	Les marchés d'options	75
	1. La présentation des options	76
	2. L'évaluation des options	78
	3. Les options de change	82
	4. Les options sur taux d'intérêt	82
	5. Les options sur indice boursier et l'assurance de portefeuille	83

Chapitre 4
La spéculation sur les marchés dérivés

I.	L'essor des marchés dérivés	84
	1. Les évolutions	84
	2. La globalisation des marchés dérivés	88

	3. Les imbrications des marchés spots et des marchés dérivés	89
	4. L'ampleur des engagements	91
II.	**L'utilité sociale des marchés dérivés**	92
	1. Marchés dérivés et transferts de risques	92
	2. La puissance informationnelle des marchés dérivés	92
III.	**Les incidences de la spéculation**	95
	1. La spéculation est-elle déstabilisante ?	95
	2. Les risques des marchés dérivés	96

Chapitre 5
L'intégration financière internationale

I.	**L'intégration financière internationale**	99
	1. Les flux de capitaux	100
	2. Les mobiles des transferts de capitaux	103
II.	**La gestion des portefeuilles**	106
	1. Les principes de la théorie du portefeuille	106
	2. Les portefeuilles internationalement diversifiés	114

Conclusion	119
Annexe. Structure des marchés internationaux de capitaux	120
Bibliographie	121
Index	123

Introduction

Jusqu'à la fin des années 70, les marchés de capitaux apparaissaient plutôt enclos dans leurs espaces nationaux, *segmentés* selon leurs échéances (crédits et marchés monétaires assurant les financements à court terme, marchés financiers pour les opérations à moyen et long terme) et la spécificité des instruments de placement. Les mouvements internationaux de l'épargne étaient assez entravés.

Depuis lors, le concept majeur de la finance internationale est l'*intégration financière*, attirant l'attention sur la connexion toujours plus poussée des marchés financiers nationaux, la restructuration et l'essor des différents marchés internationaux de capitaux désormais très ouverts aux innovations financières. On assiste à l'émergence d'un marché financier mondial dont l'imbrication des compartiments ne cesse de se complexifier, et qui est le théâtre d'une circulation intense des flux d'épargne.

À bien des égards, à la fin du XIXe siècle, la liberté des mouvements de capitaux avait été tout aussi grande qu'aujourd'hui. Les transferts sans contraintes de l'épargne, à l'époque de l'étalon-or, avaient stimulé l'expansion économique de diverses régions du monde, mais au travers de crises financières assez graves, origines ou conséquences, selon le cas, de chocs conjoncturels prononcés. Les risques ne sont pas moins graves aujourd'hui, tandis que se prolonge la *crise asiatique*, faisant suite à la *crise du peso* de décembre 1994 et à la *crise de la dette* du début des années 80, que demeurent vives les craintes issues des chocs boursiers d'octobre 1998, d'octobre 1989 ou d'octobre 1987, et que l'on ne cesse de redouter les évolutions des taux de change (la dépréciation prolongée de l'euro après son instauration en étant une illustration). La versatilité des flux financiers, leurs mobiles de recherche exclusive de profit, ne cessent d'être mis en accusation.

Pour appréhender ces flux de capitaux qui irriguent, très sélectivement, l'économie mondiale, il faudra d'abord décrire leurs bassins en s'attachant aux marchés d'*eurodevises* (*prêts interbancaires* et *crédits consortiaux*) et aux *émissions internationales de titres* (*obligations, actions* et *facilités*), puis considérer leurs mobiles et leurs impacts. La typologie retenue sera celle de l'OCDE. Les marchés évoqués ci-dessus seront présentés dans les deux premiers chapitres de cet ouvrage. Nous donnons dans un tableau placé en annexe les statistiques permettant d'apprécier leur importance financière et leurs évolutions au cours des dernières années.

Parce qu'ils sont indissociables de ces marchés, l'attention devra se porter encore sur les *marchés dérivés* (*swaps, contrats à terme, options*) qui offrent des possibilités de couverture, mais aussi de spéculation. Les chapitres 3 et 4 leur seront consacrés.

Enfin, il conviendra d'examiner les principes de gestion des portefeuilles internationalement diversifiés, afin de discerner les orientations des transferts de capitaux et de mieux identifier les voies de l'intégration financière internationale. Tel sera le thème du chapitre 5 de ce livre.

Chapitre 1

Eurodevises et crédits internationaux

Les eurodevises désignent, depuis les années 50, des capitaux déposés dans des banques implantées hors du pays d'émission de la monnaie dans laquelle ces avoirs sont libellés. Ces institutions, expertes dans la gestion de tels dépôts (*eurocurrency deposits*), sont appelées *eurobanques* (*eurobanks*). Sur la base de ces ressources, elles ont la possibilité de transférer des fonds à d'autres banques, dans le cadre de *prêts interbancaires* aux échéances assez courtes, ou d'octroyer à des agents non bancaires des financements à plus long terme que l'on dénomme *eurocrédits*.

Les *eurodollars*, par exemple, désignent des fonds en dollars détenus dans des banques localisées hors des États-Unis ; concrètement, il pourra s'agir de dépôts en cette monnaie d'une entreprise américaine ou allemande dans une banque de Singapour, une banque allemande ou encore la succursale londonienne d'une banque américaine. Ces placements échappent alors aux réglementations touchant les dépôts constitués aux États-Unis et, notamment, celles régissant leurs conditions de rémunération ou les réserves obligatoires à constituer. On désigne leur sphère financière comme le *marché externe du dollar*.

Les banques engagées dans ces activités n'étant pas exclusivement européennes, on peut plus correctement parler de *xénobanques* ou de *xénodevises*.

Depuis 1981, on identifie aussi comme eurodevises des dépôts constitués dans le pays d'émission de leur monnaie de libellé, mais au sein de structures financières (International Banking Facilities) n'étant pas soumises aux réglementations monétaires de celui-ci, et dont la constitution est réservée aux non-résidents.

On considérera, successivement, l'émergence et l'essor des marchés d'eurodevises, les activités des eurobanques en matière de collecte de fonds, de prêts interbancaires, enfin diverses questions relatives au fonctionnement et risques de ces marchés.

I. L'ÉMERGENCE ET L'ESSOR DES MARCHÉS D'EURODEVISES

Des réglementations nationales contraignantes ont été à l'origine des marchés d'eurodevises ; puis, le dynamisme, la souplesse de fonctionnement et les compétences des eurobanques assurèrent leur expansion.

1. Les origines des eurodevises et des eurobanques

Au milieu des années 50, notamment après la crise de Suez en 1956, alors que la livre sterling jouissait avec le dollar du statut d'actif de réserve, il devint de plus en plus difficile de maintenir la parité de ces devises (2,8 dollars pour une livre). Afin de défendre sa monnaie, la Banque d'Angleterre imposa un contrôle des changes sur les prêts en livres aux non-résidents, destiné à dissuader des spéculateurs d'emprunter la monnaie britannique pour la céder contre des dollars en espérant et favorisant ainsi sa dépréciation. Par suite, les banques britanniques spécialisées de longue date dans le financement en livres sterling du commerce international (les London Overseas and Merchant Banks) durent poursuivre leurs activités en recourant au dollar ; le marché des eurodollars était né, initialement dénommé Merchant Bank's Market (1957). Certes, il n'était pas inhabituel que des banques européennes s'attachent à collecter des dépôts en dollars : la nouveauté résidait dans le fait que ceux-ci servaient à mener des activités de crédit de façon suivie et à grande échelle. En ce sens, le nouveau marché constituait une innovation financière majeure.

Par ailleurs, dans les années 50, des dépôts en dollars hors des États-Unis furent constitués à l'initiative d'une banque soviétique (la Gosbank de Moscou) qui, craignant un embargo lié à la guerre froide sur ses capitaux confiés aux banques américaines, avait transféré ceux-ci à la Moscow Narodny Bank (Londres) et à la Banque commerciale pour l'Europe du Nord (Paris) dont le numéro de télex était Eurobank. De façon contestable, sans doute, certains auteurs ont identifié la naissance du marché des eurodollars à la constitution de ces dépôts de dollars hors des États-Unis : il est clair qu'il ne s'agissait là que de protéger des actifs contre un risque de saisie, non de la conception d'un projet financier.

2. L'essor des euromarchés

On évoquera à présent les dispositifs réglementaires qui, à partir des années 60, pesèrent sur l'offre et la demande de capitaux internationaux.

• Les contraintes réglementaires sur les financements

Dans les années 60, les capitaux en dollars détenus par les non-résidents (les fameuses *créances en dollars*) atteignirent des montants nettement supérieurs aux réserves d'or des États-Unis ; la convertibilité au cours de 35 dollars l'once d'or se révélait ainsi difficilement envisageable.

En 1963, afin de freiner les sorties de dollars et donc de limiter les créances sur le stock d'or des États-Unis, l'Administration Kennedy imposa une taxe sur les revenus des titres étrangers acquis par les Américains, la *taxe de péréquation des taux d'intérêt* (*Interest Equalization Tax*) qui revenait à accroître les coûts des financements en dollars des non-résidents (les rendements offerts par les émetteurs étrangers devaient être relevés pour compenser ce prélèvement fiscal). En 1965, cette retenue fut étendue aux prêts en dollars de un à trois ans aux non-résidents.

La même année, le Voluntary Foreign Credit Restraint Program « convainquit » les banques américaines d'imposer des plafonds à leurs prêts aux sociétés multinationales américaines opérant des investissements directs à l'étranger.

Ces diverses législations incitèrent les non-résidents ayant besoin de dollars à les emprunter auprès d'autres sources que les banques sises aux États-Unis, soumises à ces réglementations.

Par ailleurs, les banques américaines cherchant des moyens de tourner la *réglementation M* qui les obligeait à constituer auprès de la Réserve fédérale – leur banque centrale – des réserves non rémunérées en proportion des dépôts collectés, envisagèrent de délocaliser certaines de leurs activités.

- **Les contraintes réglementaires sur la demande de capitaux**

À partir du milieu des années 60, diverses réglementations financières aux États-Unis incitèrent les opérateurs américains à déposer et à emprunter des capitaux auprès de banques non implantées aux États-Unis.

Il s'est agi, en première instance, de la *réglementation Q* instaurée en 1958, qui plafonnait les taux de rémunération des dépôts. Cette contrainte fut si vivement ressentie dans la seconde moitié des années 60 qu'elle occasionna une forte désintermédiation : les capitaux détenus en dépôts à terme auprès des grandes banques (*money center banks*) furent convertis en bons du Trésor ou en billets de trésorerie (*commercial paper*) ; elle eut aussi pour conséquence de pousser les opérateurs à placer leurs avoirs à Londres, par exemple, et notamment dans les succursales de banques américaines, où les taux n'étaient pas sous tutelle et où les dépôts à moins d'un mois pouvaient être rémunérés, ce qui était interdit aux États-Unis. Ces transferts furent d'autant plus prononcés que l'écart entre les taux des eurodollars à trois mois à Londres et le plafond de rémunération de dépôts de même échéance aux États-Unis se fit plus important (en 1969, notamment, il atteignit 5 %) : ainsi, en 1966 et en 1968-1969 le marché des eurodollars connut un vif essor.

Nombre de banques américaines envisagèrent alors d'ouvrir des succursales à Londres ; mais elles devaient les doter d'un capital minimal et assumer des frais de fonctionnement. Un aménagement de la législation leur permit d'ouvrir aux Caraïbes des représentations exemptes de ces charges, avec des investissements réduits (un bureau et un téléphone pouvaient suffire) : il ne s'agissait que d'une adresse (aussi a-t-on parlé de coquilles vides, *shells*), les opérations étant réellement montées dans les sièges aux États-Unis. En 1969, une quarantaine de banques américaines se donnèrent de telles délégations aux Bahamas (*Nassau shells*).

De leur côté, les banques britanniques étaient toujours incitées au regard des dispositifs de défense de la livre sterling, à prêter en dollars plutôt qu'en monnaie nationale à leurs clients étrangers.

3. La montée en puissance

L'innovation financière constituée par les eurodevises a été induite par des réglementations ; elle aurait pu s'ensuivre de nécessités financières, comme le montre l'exemple des banques britanniques, particulièrement expertes dans le financement du négoce international, qui ont dû recourir toujours davantage au dollar compte tenu des préférences et des besoins des entreprises engagées dans ces activités.

• L'essor lors de la déréglementation

Quand, à partir du milieu des années 70, le système financier américain fut progressivement déréglementé (l'abandon des règles de Bretton Woods ayant assez vite induit la suppression de l'Interest Equalization Tax et du Foreign Credit Restraint Program), le marché des eurodollars n'en continua pas moins son expansion, du fait de son peu de contraintes, des compétences acquises par ses institutions bancaires et de son aptitude à l'innovation financière.

Les euromarchés jouèrent un rôle important dans le recyclage des pétrodollars : après le premier choc pétrolier (1973-1974), les excédents de balance commerciale des pays producteurs de pétrole furent placés auprès des eurobanques. Il y avait donc abondance des ressources financières disponibles, et les déficits de balance commerciale des pays importateurs de pétrole furent couverts par ces capitaux. Par ailleurs, nombre de financements des entreprises publiques européennes furent aussi assurés par les euromarchés. Les champs pétroliers de la mer du Nord, ainsi que d'autres grands projets industriels, eurent recours à leurs capitaux.

Dans une certaine mesure, on peut envisager que la déréglementation financière dans les années 80 ait aussi tenu à la nécessité d'atténuer certaines prépondérances des euro-marchés.

- **Les structures actuelles des eurocentres**

Les eurobanques se concentrèrent d'abord sur la place de Londres, en raison de son expertise dans les techniques financières, acquise dès le XIXe siècle, de son libéralisme et de ses réglementations assez favorables aux opérations en devises des institutions financières. Les banques britanniques, ne devant constituer de réserves obligatoires auprès de leur Banque centrale que sur leurs dépôts en monnaie nationale, et non sur les dépôts en dollars collectés, pouvaient donc mieux rémunérer ceux-ci et prêter ces ressources à meilleur taux. Les banques étrangères, on l'a relevé, perçurent vite l'intérêt d'une telle implantation. Puis d'autres espaces financiers se firent attractifs pour les eurobanques.

Le terme *eurocentre* (*eurocurrency center*) désigne une place financière où se sont concentrées des eurobanques. Leur constitution dépend d'un ensemble de conditions favorables : stabilité politique, faibles obstacles aux opérations financières, réglementations légères, infrastructures de télécommunications, etc. Les eurocentres peuvent être répartis en cinq zones géographiques : Europe, États-Unis, Caraïbes, Moyen-Orient et Asie.

En Europe de l'Ouest il faut évoquer, bien sûr, Londres, mais aussi Zurich, Paris, les îles anglo-normandes, Luxembourg, Bruxelles, Amsterdam, Francfort, etc. Dès le XIXe siècle, les *merchant banks* britanniques étaient expertes dans le financement du commerce mondial et le placement international des capitaux (Scannavino, 1996). Dans les années 60, les principaux emprunteurs d'eurodollars furent les multinationales américaines, qui s'adressaient principalement aux institutions financières londoniennes. Outre le savoir-faire de ces dernières, l'absence de réserves obligatoires sur les dépôts en eurodevises ou les exigences modérées de capitaux propres sur les succursales de banques étrangères expliquaient cette suprématie. Aujourd'hui, à Londres, sont traitées huit eurodevises (dont l'*euro*) et cette place demeure le principal centre pour l'octroi d'eurocrédit à moyen terme. Le taux d'intérêt de référence le plus utilisé est le LIBOR (London

Interbank Offered Rate) sur le dollar, moyenne (relative à seize grandes banques) des taux prêteurs sur le marché interbancaire londonien de dépôts en dollars, relevé chaque jour à 11 heures (l'horaire du *fixing*) par la British Bankers Association (le taux interbancaire représentatif des conditions financières à Paris est le PIBOR, à Luxembourg le LUXIBOR, etc.). Le taux emprunteur lui étant associé est le LIBID (London Interbank Bid Rate) et la moyenne du LIBOR et du LIBID est le LIMEAN.

Aux États-Unis, divers États ont admis des International Banking Facilities (IBF), dont les opérations ont été légalisées le 3 décembre 1981. Ces institutions n'ont d'existence que dans les livres de compte de banques américaines ou de filiales de banques étrangères aux États-Unis. Leurs avantages sont aisés à expliciter : elles sont exemptées de réserves obligatoires sur les dépôts collectés et ceux-ci échappent aux plafonds relatifs à leurs taux de rémunération ; si elles sont soumises aux impôts fédéraux, plusieurs États les ont exemptées d'impôts locaux. Ainsi, de fait, elles opèrent à l'instar de filiales étrangères de banques américaines. Les opérations de dépôts et de prêts engagées par un IBF ne peuvent concerner que des non-résidents, d'autres IBF ou sa maison mère ; les dépôts constitués par les institutions non bancaires doivent y être d'au minimum deux jours et les transactions doivent dépasser 100 000 dollars. Ces établissements ne peuvent obtenir d'assurance auprès du Federal Deposit Insurance Corporation (FDIC) pour leurs dépôts. Ils ne peuvent émettre d'instruments négociables tels que les certificats de dépôt (il serait difficile d'empêcher qu'ils soient acquis par les résidents américains), ce qui rend préférable pour nombre d'institutions bancaires américaines l'ouverture d'une succursale aux îles Caïmans. Aussi les banques japonaises ou italiennes ont-elles été d'abord plus attirées par les IBF que les banques américaines.

Aux Caraïbes et en Amérique centrale, les eurocentres sont particulièrement actifs. En fait, une banque installée aux îles Caïmans ou aux Bahamas existe surtout dans les livres d'une banque de New York ou d'une autre ville du territoire américain (*shell branch*), d'autant que les horaires sont identiques à ceux de New York et que les fonds propres peuvent être constitués à partir de ceux de la société mère.

Au Moyen-Orient, des eurocentres ont émergé, notamment la place financière de Bahreïn, du fait de la guerre du Liban.

En Asie, à *Singapour, Hong-Kong* ou *Tokyo,* se sont constitués des eurocentres dont l'essor a été spectaculaire ; les dollars qui circulaient dans la région durant la guerre du Vietnam ont été une de leurs origines. En particulier, Singapour est devenu un eurocentre en octobre 1968 quand la succursale de la Bank of America à Singapour put ouvrir un IBF qualifié de Asian Currency Unit ; puis, de telles structures proliférèrent. En 1986, le ministère des Finances japonais autorisa la création d'IBF par les banques japonaises, le Japan Offshore Market (JOM) était né.

On parle de *globalisation du marché des eurodevises* pour évoquer la multiplication des eurocentres et l'internationalisation toujours plus poussée des systèmes bancaires qui en résulte, la disparité de la nationalité des emprunteurs (initialement, il s'agissait principalement des multinationales américaines) et la diversité des devises concernées : le dollar a toujours un rôle prééminent, mais aujourd'hui le yen et le deutsche mark tiennent une place de plus en plus importante.

Du fait des arbitrages, les évolutions des taux monétaires américains affectent les taux des eurodevises. Toute variation du taux d'une eurodevise se transmet aussi sur le marché monétaire domestique de cette monnaie.

II. LES EUROBANQUES

On s'attachera à l'émission des eurodevises et aux caractéristiques des ressources collectées, avant d'évoquer les prêts interbancaires et l'octroi d'eurocrédits.

1. L'émission d'eurodevises

Considérons d'abord la façon dont est constitué un dépôt en eurodollars, avant d'en venir au multiplicateur d'eurodevises.

EURODEVISES ET CRÉDITS INTERNATIONAUX | **17**

- **La création d'eurodépôts**

Supposons qu'une entreprise américaine E transfère 1 million de dollars d'une banque new-yorkaise BNY dans une banque londonienne BL (une institution de nationalité quelconque, éventuellement une filiale de la banque américaine), mouvement de capitaux que pourraient justifier les activités internationales de cette entreprise ou des taux de rémunération des dépôts plus élevés : un dépôt en eurodollars est ainsi créé. Le virement signifie que l'eurobanque BL a un engagement vis-à-vis de l'entreprise (elle a en dépôt des capitaux de celle-ci) et qu'elle possède une créance sur la banque américaine, elle y dispose d'un dépôt.

BNY (banque new-yorkaise)		BL (eurobanque)	
Actif	Passif	Actif	Passif
	E : dépôts – 1 M BL : dépôts + 1 M	BNY : avoirs + 1 M	E : dépôts + 1 M

Sur les livres de la banque américaine, la propriété du million de dollars a simplement été modifiée, un engagement vis-à-vis de BL est substitué à un engagement à l'égard de E ; en fait, la banque américaine est indifférente à ce transfert : détenir un dépôt d'une entreprise américaine ou d'une eurobanque n'a pas d'importance pour elle (si les exigences légales de *réserves obligatoires* sont similaires). La *masse monétaire* américaine (ensemble des dépôts aux États-Unis) n'a pas varié : un dépôt de E auprès de BNY est devenu un dépôt de BL auprès de BNY.

L'eurobanque BL se soucie de collecter ces ressources coûteuses afin de mener des activités de crédit. Si elle prête une fraction du million de dollars dont elle dispose à un agent A qui serait une autre eurobanque ou une entreprise qui transférerait les dollars ainsi obtenus dans une eurobanque, un nouveau dépôt d'eurodollars aura été engendré : un processus de *création monétaire* est enclenché. Envisageons que l'agent A soit une entreprise britannique voulant payer grâce à ce prêt un fournisseur F qui placera les fonds reçus dans une banque parisienne BP ; aux États-Unis, le dépôt est simplement transféré de *BL* à cette banque qui dispose désormais d'un dépôt en eurodollars qu'elle pourra à son tour prêter. Toutefois, sur les livres de la banque américaine *BNY*, le dépôt change à nouveau de propriétaire et la masse monétaire américaine n'est toujours pas affectée. Cela reste vrai tant que des différences de réserves obligatoires n'interviennent pas : si les dépôts, dans les banques américaines, de leurs succursales eurobanques sont frappés de réserves obligatoires plus faibles, alors il pourra y avoir expansion de la masse monétaire aux États-Unis (si la demande de prêts est assez élevée).

- **Le multiplicateur d'eurodevises**

On peut envisager de calculer la progression potentielle des dépôts en eurodevises sur la base d'un dépôt initial D_o constitué dans une eurobanque. Si celle-ci en prête une fraction *(1 – d)* à d'autres eurobanques qui procèdent ensuite de même, la création d'eurodevises par cette chaîne de prêts pourra atteindre :

$$\Delta D = D_o + (1 - d) \times D_o + (1 - d)^2 \times D_o + ... = (1/d) \times D_o$$

Par exemple, si 10 % des dépôts collectés sont systématiquement conservés en réserves ($d = 1/10$), alors le total des eurodevises créées pourrait représenter 10 fois le dépôt initial ; aussi parle-t-on de *multiplicateur d'eurodevises*. Bien sûr, si certaines eurobanques choisissent un taux de réserves supérieur à *d*, le multiplicateur est réduit d'autant. Par ailleurs, tout transfert de ces dépôts dans une banque américaine ou leur conversion en une autre monnaie (donc leur cession *in fine* à une banque centrale) constitueront une fuite hors d'un circuit d'eurodevises. On voit, en tout état de cause, que ce multiplicateur sera assez instable ; la volatilité de la masse des eurodollars sera élevée.

Cette approche traditionnelle d'une création monétaire a été mise en cause.

– On peut d'abord contester l'invariance des coefficients du multiplicateur, et on est conduit à raisonner avec un *multiplicateur flexible* ; mais il n'est pas sûr que de telles adaptations soient fructueuses ou indiscutables.

– Une analyse en termes de *portefeuille* peut être préférée : si l'on admet que la constitution de dépôts et l'octroi de prêts en eurodevises dépendent respectivement des taux d'intérêt créditeurs et débiteurs, on doit prendre en compte les arbitrages des agents non bancaires entre banques résidentes et eurobanques. Un afflux d'eurodevises réduira les taux d'intérêt servis, modifiant les choix de portefeuille au détriment des placements en eurodevises : en confrontant l'apport initial au volume de capitaux maintenu sur ce marché, on identifierait une sensibilité des dépôts d'eurodevises aux conditions de leur rémunération.

- **Le volume des dépôts en eurodevises**

Il est bien difficile d'apprécier l'ampleur des capitaux investis sur les euromarchés. La Banque des règlements internationaux (Bank for International Settlements, *BIS*) a estimé qu'à la fin 1996, le volume des dépôts en eurodevises aurait approximativement atteint 5 015 milliards de dollars.

2. Les ressources collectées

Au passif du bilan d'une eurobanque figurent des *dépôts à vue*, des *dépôts à terme*, des *certificats de dépôt* ainsi que des ressources plus stables formées de *capitaux propres* (pouvant être constitués, notamment, par des émissions d'euro-actions) ou procurées par des émissions d'euro-obligations. Son actif recense ses activités d'octroi de prêts interbancaires d'eurodevises et d'eurocrédits (Grabbe, 1996).

Les *dépôts à vue* (*call money*) sont constitués sans date d'échéance fixée *a priori*, étant rétrocédables sur simple demande.

Les *dépôts à terme* (*time deposits*), de maturité spécifiée (de quelques jours à plusieurs mois ou même des années, mais le plus souvent inférieure à 6 mois) et de montant pouvant aller de quelques dizaines de milliers à plusieurs millions de dollars, forment une rubrique plus développée des engagements liquides. Ils peuvent être rémunérés aujourd'hui à taux flottant, souvent indexés sur le LIBOR à 3 ou 6 mois, allant de

LIBOR-1/2 % pour les dépôts modestes à LIBOR-1/8 % pour ceux supérieurs à 5 millions de dollars.

Les *certificats de dépôt* (*certificates of deposit*) sont des titres de créance émis par les eurobanques pour attester qu'un investisseur a constitué un dépôt en devises de caractéristiques précises : si le détenteur de ces capitaux veut en disposer avant l'échéance, il pourra les céder sur un marché secondaire. Cette possibilité de revente leur donne, relativement aux dépôts à terme, un avantage de liquidité ; par suite, ils sont moins rémunérés. Les investisseurs n'hésitent donc pas à allonger l'échéance de leurs placements, ce qui accroît la stabilité des ressources des eurobanques et les autorise à limiter leur constitution de réserves. Lancés depuis 1966, ils représentent une part toujours croissante (plus de 50 % aujourd'hui) des ressources monétaires de ces institutions. Les premiers certificats de dépôt ont été émis par lots – on dit encore au robinet (*on tap*, à la demande) – à des conditions librement négociées entre la banque et le déposant ; toutefois, les échéances moyennes se révélèrent trop courtes (généralement inférieures à 3 mois) pour stabiliser les ressources des banques, et le montant nominal moyen d'un certificat (5 millions de dollars) compromettait leur *négociabilité*. À présent, ils sont plutôt émis *par tranches* : le montant d'une émission, qui varie de 15 à 50 millions de dollars, est décomposé en titres d'un montant nominal allant de 10 000 à 50 000 dollars. Les procédures d'émissions des certificats de dépôt ressemblent à celles des euro-obligations, ce qui *connecte* et *globalise* ces marchés. Leurs émissions se font souvent avec des taux flottants.

Les opérations d'emprunt et de prêt entre eurobanques atteignent couramment des montants de plusieurs millions de dollars. Les eurodevises sont échangées directement ou par l'intermédiaire de *courtiers* (*brokers*) pour une commission de l'ordre de 0,02 %. Par téléphone, un négociateur (*trader*) annonce – sur les marchés, le terme *bid* spécifie une cotation à l'achat, les termes *ask* ou *offer* une cotation à la vente, l'écart des deux cours étant qualifié de *spread* – les taux auxquels l'eurobanque s'engage à recevoir des dépôts (*bid interest rate*, taux créditeur proposé pour un dépôt) et ceux auxquels elle accepte de prêter (*asked interest rate*, taux demandé pour un prêt), sans savoir *a priori* si son correspondant est intéressé par la collecte ou l'offre d'un dépôt. L'eurobanque est ensuite tenue d'accepter les fonds proposés ou de prêter, aux conditions énoncées. Les financements étant accordés sur la base des capitaux recueillis, ils peuvent imposer à l'eurobanque de passer d'autant plus d'opérations d'emprunt que la demande en sera plus forte : pour résorber un excès de prêts (*overlent position*), elle devra adapter sa cotation (*to trim the quote*) par modulation du spread, en proposant des taux créditeurs un peu plus favorables et des taux débiteurs plus élevés que ceux des autres eurobanques.

Naturellement, la banque recherche un profit sur l'écart entre les taux *bid* et *ask*, appelé *marge d'intermédiation*. Elle a été en moyenne de l'ordre de 1/8 % pour le dollar, le mark, le franc suisse, le franc français, l'euro. Ainsi, on pouvait observer en mars 1997 et 1999, les conditions suivantes d'emprunt et de prêt interbancaires en eurodollars :

US dollar (%)	Court terme	7 jours	1 mois	3 mois	6 mois	1 an
5 mars 1997 Dépôts (taux *bid*)	5 1/8	5 1/4	5 5/16	5 7/16	5 19/32	5 28/32
Prêts (taux *asked*)	5 1/4	5 3/8	5 7/16	5 9/16	5 23/32	6
8 mars 1999 Dépôts (taux *bid*)	4 22/32	4 13/16	4 27/32	4 29/32	5	5 7/32
Prêts (taux *asked*)	4 27/32	4 15/16	4 31/32	5 1/32	5 3/32	5 5/16
15 mars 1999 Dépôts (taux *bid*)	4 23/32	4 11/16	4 27/32	4 7/8	4 15/16	5 3/16
Prêts (taux *asked*)	4 27/32	4 13/16	4 15/16	5	5 1/16	5 5/16

D'après : *Financial Times*.

Ces données illustrent, d'une part, la baisse des taux courts de 1997 à 1999 et, d'autre part, une variation des mouvements de taux sur une semaine. On voit que la *structure par maturité* de ces taux – on parle encore de *courbe des taux* ou de *gamme des taux* – est demeurée croissante, configuration estimée « normale » (taux d'autant plus faibles qu'ils sont à plus court terme).

Par ailleurs, dans la première quinzaine de mars 1999, on relevait sur l'euro les taux débiteurs (*asked*) et créditeurs (*bid*) suivants :

Euro(%)	Court terme	7 jours	1 mois	3 mois	6 mois	1 an
8 mars 1999 Dépôts (taux *bid*) Prêts (taux *asked*)	2 21/32 3 3/32	2 29/32 3 5/32	3 1/32 3 3/32	3 1/32 3 1/8	2 31/32 3 1/16	3 3 1/16
15 mars 1999 Dépôts (taux *bid*) Prêts (taux *asked*)	2 7/8 2 21/32	2 31/32 3 3/32	2 31/32 3 1/16	2 31/32 3 1/16	2 15/16 3 1/16	2 29/32 3 1/32

D'après : *Financial Times*.

Les dépôts en eurodevises sont des placements proches des dépôts domestiques ; néanmoins, leurs conditions de rémunération diffèrent selon les taux de réserves obligatoires et d'assurance de dépôts imposés aux dépôts domestiques, selon le statut de l'emprunteur ou l'éventualité de l'instauration d'un contrôle de change.

Les eurobanques, en étant exposées aux risques communs à toutes les institutions bancaires et à des risques spécifiques liés à leurs opérations internationales de crédit, de surcroît sont confrontées aux éventuels contrôles sur les mouvements de capitaux que les gouvernements peuvent instaurer pour des raisons diverses, que l'on pourra dénommer *risques souverains*. Par exemple, en 1983 le gouvernement des Philippines imposa des limites aux transferts à l'étranger des fonds déposés dans les banques de ce pays. Enfin, les capitaux confiés aux eurobanques ne bénéficient pas des garanties offertes par une banque centrale ou un système d'assurance de dépôts. Par suite, les eurodépôts proposent des rémunérations plus attrayantes que celles des dépôts domestiques (dépôts en dollars et en eurodollars ne sont donc pas des placements parfaitement substituables).

Le tableau suivant, relatif aux données du 8 mars 1999, pour des échéances voisines de 3 mois, en donne une idée. Il permet de confronter les taux sur le marché américain et sur les marchés d'eurodevises en dollars et en euros. Pour ces derniers, on a pris en considération l'EURO-LIBOR – moyenne (relative à 16 grandes banques) des taux prêteurs sur le marché interbancaire londonien de dépôts en euros, relevée chaque jour au *fixing* par la British Bankers Association – et l'EURIBOR – moyenne (relative à 57 grandes banques de l'Union économique et monétaire) des taux prêteurs interbancaires de dépôts en euros, calculée quotidiennement par la European Banking Federation. Naturellement, ces chiffres reflètent le niveau moins élevé des taux courts sur l'euro ; on peut rappeler qu'une réduction des taux d'intérêt a été estimée nécessaire à la relance de l'activité en Europe, avant l'instauration de l'euro, par les banques centrales de l'UEM (elles ont coordonné leurs politiques de taux en décembre 1999).

Taux américains (%)			*Taux des euromarchés (%)*				
			Dollar			Euro	
T-bills 13 semaines	Certificats de dépôt 3 mois	*Commercial paper* 80-270 jours	LIBOR (*fixing*) 3 mois	Taux *bid* 3 mois	Taux *asked* 3 mois	EURIBOR 3 mois	EURO-LIBOR 3 mois
4,51	4,73	4,83	5	4 29/32	5 1/32	3,093	3,09225

D'après : *Wall Street Journal Europe*.

Le taux d'un dépôt en eurodollars de type *overnight* suit celui des *federal funds* (fonds fédéraux, le marché interbancaire américain) et celui des repos : un contrat de *repurchase agreement* (on abrège en *repo*) correspond à une vente de titres suivie d'un rachat ultérieur (très fréquemment à échéance d'une journée) à un cours légèrement supérieur ; il s'agit, en fait, d'un emprunt gagé sur des valeurs, sans risque pour le prêteur (il gardera les titres si l'emprunteur est défaillant), le taux d'intérêt implicite correspondant à l'écart des prix ; du fait d'une telle absence d'aléas, ce taux de prise en pension, bien que récent, est désormais présenté comme un identifiant précis des taux courts. Ainsi, le 8 mars 1999, le taux d'un prêt d'eurodollars *overnight*, celui des *federal funds* et celui des *repos* étaient, respectivement, de 4 27/32 %, 4 7/8 % et 4 6/8 %. De même, par exemple, le taux des concours interbancaires en euro-yen suit le taux *repo* du *gensaki*.

Par ailleurs, selon Grabbe (1996), au long des années 80, la différence entre le LIBOR à 3 mois et le taux des certificats de dépôt américains de même maturité était en moyenne de 0,52 % (avec un écart-type de 0,34 %) ; en 1989, elle n'a plus été que 0,16 % (écart-type de 0,022 %) : cet amenuisement s'explique par la déréglementation aux États-Unis qui a imposé aux banques des efforts de rémunération. On observe que, le 8 mars 1999, le LIBOR 3 mois était de 5 % et le taux des certificats de dépôt américains à 3 mois de 4,73 %.

On relèvera aussi que le taux LIBOR ne s'écarte guère du taux des *T-bills*, en étant un peu plus élevé en raison du statut privilégié d'emprunteur attaché à un État ; ainsi le 8 mars 99, le taux des *T-bills* à 3 mois était de 4,51 % et celui du LIBOR de 5 %.

Si les taux des dépôts en eurodollars ne peuvent être inférieurs à ceux des placements correspondants en dollars, les taux des prêts en eurodollars ne peuvent être supérieurs à ceux des financements en dollars. On voit ainsi que le spread de l'eurodollar (écart entre le taux des dépôts et celui des prêts) devra être inclus dans celui du dollar ; il est simplement plus étroit : les eurobanques sont exemptées des charges de réserves obligatoires ou de primes d'assurance de dépôts assumées par les banques américaines.

III. LES EUROCRÉDITS

Après nous être intéressés aux prêts interbancaires, on s'attachera, à présent, aux prêts à moyen ou long terme octroyés par des syndicats d'eurobanques à des entreprises ou à des États. Ces prêts consortiaux sont les *eurocrédits.*

Précisons ici qu'on ne devra pas les confondre avec les *prêts bancaires étrangers*, qui sont des crédits commerciaux accordés par une ou plusieurs banques à un emprunteur étranger devant financer des exportations ou des importations. Ces concours sont généralement libellés dans la monnaie du pays auquel appartiennent les banques, mais ils peuvent être aussi octroyés en d'autres devises ; leur montant (0,7 milliard de dollars en 1997, se reporter à l'annexe) est négligeable auprès de celui des eurocrédits et a régressé au long des années 90.

1. Les raisons d'être des eurocrédits

L'intérêt économique des financements par eurocrédits est manifeste. Ce recours aux marchés internationaux constitue une possibilité unique d'emprunter des capitaux de montants vraiment élevés (plus d'un milliard de dollars, on parle de *jumbo loans*), à des conditions très concurrentielles, en un bref laps de temps (quelques semaines).

De tels emprunts permettent aux entreprises de couvrir des besoins en fonds de roulement, de disposer de crédits relais (substitution de prêts courts à des prêts longs quand les taux de ces derniers sont dissuasifs), d'assurer le financement d'opérations de commerce international. Mais ils peuvent aussi être relatifs à des dépenses d'investissement et d'accroissement de capacités de production. Les emprunts en eurocrédits ont également permis à nombre de pays de financer des déficits de balance des paiements. Bien sûr, comme on l'a évoqué, ils peuvent offrir une possibilité de tourner des contraintes de change.

2. Les diverses formes d'eurocrédits

Les eurocrédits sont à plus longue échéance que les prêts interbancaires. Leurs conditions de taux intègrent une *prime de risque* (un *spread* dépendant de la qualité de l'emprunteur) correspondant aux éventualités de non-remboursement du prêt.

Initialement, les demandeurs d'eurocrédits présentaient de faibles *risques de défaut* (non-paiement des intérêts ou non-remboursement du principal). Depuis le milieu des années 70, des emprunteurs de moindre fiabilité ont eu recours à ces financements ; notamment, la part de ces crédits octroyés hors de l'OCDE a fortement augmenté. À partir de 1982, nombre d'emprunteurs d'Amérique latine, d'Afrique... ont été en peine d'honorer leurs engagements ; en conséquence, il a fallu rééchelonner leurs dettes. Par suite, les marchés d'eurocrédits ont vu leurs activités se réduire considérablement ; dans le même temps, les marchés euro-obligataires ont connu un essor spectaculaire. Au début des années 90, la part des eurocrédits accordés aux emprunteurs de l'OCDE a dépassé 80 %, pour atteindre 90 % en 1996 ; ces données reflètent la sélectivité actuelle de ce marché. En 1997, cette proportion a été ramenée à 85 %, le Brésil, la Chine, la Colombie, la Fédération de Russie, Hong-Kong, l'Indonésie, la Malaisie ou Singapour ayant accru la couverture de leurs besoins de financement par crédits consortiaux.

- **Les conditions financières**

La souplesse des tirages est une propriété des financements par eurocrédits. Les *term credits* sont des concours dont le principal est mis à la disposition de l'emprunteur selon un échéancier : au bout d'un certain temps, celui-ci dispose de la totalité des capitaux empruntés, et c'est alors que débute le remboursement progressif du principal, les intérêts (généralement à taux flottants) étant payés périodiquement. Les *lignes de crédit* (*lines of credit*) sont des prêts d'un montant plafonné qu'une banque s'engage à octroyer sur une période donnée et que l'emprunteur utilise et rembourse à son gré, correspondant en fait à une pratique de découvert (*eurocredit revolving* ou *stand by*). Dans les deux cas, les intérêts ne dépendent que des montants effectivement utilisés du capital, une commission étant acquittée sur la partie non utilisée.

Ces financements seront, à présent, appréhendés au travers de la distinction essentielle entre concours à taux fixe et à taux aux flottants. Les eurocrédits peuvent être à taux fixe : leur montant, leurs devises de libellé, leur durée et leurs conditions de taux d'intérêt sont intégralement précisés initialement. Ils peuvent revêtir plusieurs formes : *term credit, ligne de crédit, avances et crédits de trésorerie en devises, découvert autorisé en devises.*

De leur côté, les eurocrédits à taux flottant mettent en jeu des tarifications de type *roll-over* : les eurobanques accordent leurs financements à moyen et long terme, sur la base de ressources d'échéances plus courtes (activité de transformation), et, pour éviter d'être confrontées à des taux d'intérêt plus élevés pour les capitaux collectés que pour ceux prêtés, elles peuvent choisir d'octroyer leurs concours comme s'il s'agissait d'une suite de prêts à court terme (par exemple de six mois) reconduits périodiquement avec adaptation des taux d'intérêt. Un tel principe fut adopté à partir du début des années 70, quand ces banques avec des dépôts à terme de 30 ou 90 jours devaient octroyer des crédits, de montants très importants, à échéance de plusieurs années. Ici encore, il peut s'agir de *term credits* ou de *lignes de crédit*.

Mais, si cette gestion du *risque de taux d'intérêt* (reporté, en définitive, sur les demandeurs de crédit) leur garantit une marge d'intermédiation, les eurobanques demeurent exposées au problème du *risque de défaut* de leurs emprunteurs (on parle encore du *risque de contrepartie*) : aussi, au début de chacune de ces périodes, le taux $i(t)$ du prêt est-il fixé avec intégration d'une prime de risque. On peut écrire $i(t) = r(t)$ + marge, où $r(t)$ est un taux de référence pour la rémunération des eurodépôts ; il s'agit, par exemple, du LIBOR à 6 mois. Le profit de l'eurobanque correspond donc (outre les gains sur l'écart entre les taux *bid* et *asked*) à cette marge (spread) déterminée selon sa perception du risque de l'emprunteur et qu'elle peut réviser au long de la durée de vie du crédit.

- **La maîtrise des risques**

Une telle tarification n'est pas exempte d'inconvénients. Les crédits à taux révisable (*roll over*) permettent, certes, à l'emprunteur de disposer de financements sur longue période sur la base de taux de court terme (principe avantageux, sauf en cas d'inversion de la structure des taux d'intérêt), mais en contrepartie d'incertitudes sur le montant des charges financières à assumer. Toute élévation du taux de référence accroît les charges de remboursement de l'emprunteur et compromet son aptitude à respecter ses engagements : pour le bailleur, le *roll-over pricing* peut aboutir à une transformation du risque de taux en risque de contrepartie. Aussi, les contrats s'efforcent-ils de rendre les conditions d'emprunt flexibles, avec des offres de prêt multidevises ou incluant des possibilités de changement de la devise de libellé, admettant des remboursements anticipés, etc. Par ailleurs, les bénéficiaires d'eurocrédits peuvent se protéger d'une hausse des taux en revenant aux taux fixes, par recours aux swaps (voir chapitre 3).

Les accords prennent en compte l'ensemble des informations disponibles sur l'emprunteur, pour circonscrire les problèmes de *sélection adverse* ou de *risque moral*, qu'elles soient sous forme d'analyses de sa situation présente et future (*representations*) ou d'examen des garanties qu'il peut offrir (*warranties*). Ils peuvent intégrer, notamment, des *covenants* : des engagements de l'emprunteur sur ses comportements futurs (maintenir une certaine structure de bilan pour une entreprise, adhérer à un programme du FMI pour un gouvernement). Ils peuvent inclure des clauses de *pari passu* ou de *cross default* qui, respectivement, assurent au prêteur qu'il ne sera pas en position subordonnée vis-à-vis des autres bailleurs ou lui concèdent une position de créditeur privilégié. Ils peuvent stipuler quelles juridictions seront compétentes en cas de litiges, etc.

La possibilité récente de négociation de ces prêts sur des marchés secondaires contribue aussi à leur sécurité. Ces marchés secondaires sont encore assez étroits ; mais les grands emprunteurs sont désormais tenus de répondre aux soucis de liquidité des bailleurs de fonds.

Naturellement, outre leurs risques de taux et de défaut, toutes ces activités de crédit encourent la menace de mise en place de contrôles des transactions en devises.

• L'évolution des *spreads*

Évoquons, à présent, la question de la marge s'ajoutant au taux de référence, selon le risque du crédit. Sur la période récente, on a constaté une forte concurrence entre banques pour obtenir des mandats de syndication d'eurocrédits, impliquant une compression de la marge moyenne des prêts en faveur des emprunteurs de l'OCDE ; cet effort tarifaire paraît avoir atteint un plancher en 1995. Sa remontée depuis cette date semble avoir été due à une légère dégradation de la qualité des demandeurs de fonds. Le tableau suivant montre que l'écart entre le spread moyen exigé des emprunteurs de l'OCDE et celui imposé aux emprunteurs hors OCDE est passé de 0,49 % en 1996 à 0,58 % l'année suivante, en conséquence des difficultés financières en Asie du Sud-Est.

On observe aussi une relation inverse entre le mouvement des marges et celui de l'échéance des prêts : une contraction des spreads, donc une plus grande confiance des prêteurs, allant de pair avec un allongement de la durée des financements.

Eurocrédits

	1992	1993	1994	1995	1996	1997
Marges moyennes (%)						
– emprunteurs de l'OCDE	0,85	0,78	0,59	0,43	0,5	0,56
– emprunteurs hors OCDE	0,87	1,03	1,13	1,17	0,99	1,14
– *écart*	*0,02*	*0,25*	*0,54*	*0,74*	*0,49*	*0,58*
– ensemble	0,85	0,81	0,64	0,5	0,56	0,64
Maturités moyennes (mois)						
– emprunteurs OCDE	56	51	61	64	64	61
– emprunteurs hors OCDE	69	67	64	58	60	69

D'après : OCDE, Tendances des marchés de capitaux.

Selon l'évolution des spreads et, notamment, des concurrences bancaires, les eurocrédits seront plus ou moins refinancés (sollicitation de nouveaux prêts permettant le remboursement de crédits précédents) et renégociés (demande adressée au syndicat bancaire de réviser les conditions de prêts antérieurement accordés). En 1996, une banque britannique a *titrisé* une partie de son portefeuille d'eurocrédits, instaurant un fonds de créances émettant des obligations (à taux révisables) pour financer de nouveaux prêts ; *a priori* la relation juridique entre la banque et ses débiteurs n'est pas modifiée, mais de telles opérations peuvent néanmoins distendre les liens privilégiés qui sont spécifiques aux crédits bancaires.

Eurocrédits et prêts étrangers (milliards de dollars)

	1992	1993	1994	1995	1996	1997
Emprunts	117,9	136,7	236,2	370,2	345,2	390,4
Refinancements	*31,2*	*60,2*	*53,8*	*98,7*	*79,9*	*35,9*
(dont refinancements d'emprunts OCDE)	*nd*	*nd*	*nd*	*(94,5)*	*(72,9)*	*nd*
Emprunts nets	86,7	76,5	182,4	271,5	265,3	354,5
dont *Emprunts renégociés*	*8,8*	*0,7*	*2,3*	*1,9*	*2,8*	*4,5*

D'après : OCDE, Tendances des marchés de capitaux.

Enfin, on relèvera que la part des eurocrédits en dollars n'a cessé de régresser, passant de 81 % en 1993 à 70 % en 1997 ; à rebours, celle du franc et surtout de la livre sterling s'est beaucoup élevée (cette dernière passant de 2 % à près de 16 % sur la période considérée). Toutefois, en raison des clauses multidevises désormais bien répandues, il est souvent malaisé d'identifier les monnaies en lesquelles les emprunteurs ont souhaité disposer de leurs crédits.

3. Le montage des eurocrédits

Les volumes de prêts souhaités étant souvent trop élevés pour être accordés par un seul établissement, les eurocrédits sont généralement octroyés par des groupes de banques appelés *consortium* ou *syndicats* ; les prêts sont ordinairement *consortiaux* dès lors que leur montant dépasse cinq millions de dollars.

Si, au sein d'une telle structure, une banque (ou plusieurs) a un statut de *chef de file* (*lead manager*), on parle de *syndicat géré* (*management syndicate*), sinon on parle de *syndicat de placement* (*underwriting syndicate*). Le chef de file assume la responsabilité de négocier les conditions du crédit avec l'emprunteur, puis de prendre contact avec d'autres banques. La BRI a relevé que, depuis 1995, de nouveaux intermédiaires, des banques d'affaires, se sont intéressés à cette fonction rémunératrice de chef de file. Les banques affiliées au syndicat sont désignées comme les *banques participantes* ; à partir de 1995, les compagnies d'assurance-vie, les fonds de pension et les fonds d'investissement se sont davantage tournés vers de telles activités. Parmi elles, les *managing banks* sont des institutions ayant accepté de souscrire une large part de l'emprunt et tenant auprès du chef de file un rôle de conseil.

Concrètement, le demandeur de crédit sélectionne une banque chef de file. Celle-ci rassemble d'abord un ensemble de banques acceptant d'accorder une large part du prêt et de la conseiller ; puis elle discute les conditions du crédit avec l'emprunteur : montant, taux, commissions et détails de la participation des autres banques. Quand une entente sur ces modalités peut s'envisager, un mémorandum est rédigé qui résume les points d'accord issus de la négociation. Plusieurs centaines de banques peuvent être alors invitées à participer au syndicat. Si les réponses sont largement positives, le montant du prêt peut éventuellement être augmenté ; sinon, les banques participantes doivent réduire le volume du prêt au montant des capitaux réunis quand l'accord initial est de type *best efforts*, ou couvrir la différence quand il est de type *fully underwritten*.

Une banque participante peut transférer ses obligations à une autre banque si l'accord le permet, selon de multiples procédures : au travers d'une *novation*, la banque concédera intégralement ses charges et ses droits à un autre bailleur de fonds ; par des *assignations* plus ou moins étendues, la banque transmettra à un nouveau prêteur une créance sur l'emprunteur (il percevra le principal et les intérêts), mais sans qu'il puisse éventuellement engager une action en justice en son nom propre.

On s'attachera, à présent, aux commissions perçues par les membres du syndicat (*commitment fees*) en les rapportant à l'ensemble des charges financières d'un eurocrédit, qui intègrent, outre le remboursement du principal, deux sortes de coûts, les coûts périodiques et les coûts *upfront*. Les *coûts périodiques* regroupent le paiement des intérêts au taux convenu (par exemple LIBOR 6 mois + spread) sur le crédit effectivement utilisé et une commission sur la part non utilisée du crédit (de 0,25 % à 0,75 %). Les *coûts upfront* correspondent à une commission, atteignant 0,5 % à 2,5 % du montant du prêt, payée en une fois aux banques du syndicat : de façon standard, 25 % en sont perçus par le chef de file (*praecipium*), 25 % par les autres managing banks (*managing fees*) et 50 % par les simples banques participantes (*participation fees*). Récemment, nombre de grandes banques se sont spécialisées dans les activités de managing : elles revendent leur part du prêt à des banques plus petites, étant essentiellement intéressées par la commission *upfront*. Un tel choix s'explique aussi par les exigences de fonds propres imposées après la crise mexicaine en 1983, puis par le Comité de Bâle, qui limitent leurs possibilités de financements.

4. L'essor des eurocrédits

L'expansion des crédits consortiaux a été spectaculaire dans les années 70 ; les emprunteurs ont été surtout des États et des institutions qui en étaient des émanations. Les pays en développement et les pays de l'Est ont largement eu recours à ces financements. Mais ces prêts aux pays en développement ont connu des problèmes. La crise du début des années 80, notamment le problème de la dette mexicaine en 1982, a enrayé leur essor. La reprise s'est seulement opérée à partir de 1986. Désormais, les emprunteurs sont plutôt des entreprises. La souplesse du montage de tels emprunts explique leur envolée : des décisions rapides d'octroi de financements de montants souvent considérables, à des conditions librement débattues, avec des prime de risque modérées pour les bons emprunteurs, etc.

Sur les dernières années, les crédits consortiaux ont connu une expansion très prononcée. Selon l'OCDE, de 1993 à 1997, en moyenne annuelle, les crédits consortiaux nets (hors emprunts permettant des remboursements de prêts antérieurs) ont progressé de 46,7 %. Ces crédits ont surtout couvert les besoins de financements des pays de l'OCDE (à hauteur de 90 % en 1996) ; mais la progression des emprunts des pays asiatiques (Indonésie, Chine, Hong-Kong, Thaïlande) a été notable : cette évolution reflète l'expansion de leur endettement qui sera tenu comme l'un des vecteurs de la crise asiatique. Leur essor en 1995, notamment, a été spectaculaire, de l'ordre de 57 %. Un recul a été enregistré en 1996, tenant au fait que les marchés d'obligations internationales ont offert des conditions de financements plus favorables. Une reprise s'est constatée en 1997, liée à une forte extension des opérations de fusions et acquisitions comme aux restructurations d'entreprises (requérant des emprunts de montants élevés dans les pays développés), en dépit de la crise asiatique : de 1995 à 1997, l'Indonésie, Hong-Kong, la Malaisie, la Corée ou la Chine ont maintenu des recours élevés aux eurocrédits. Ce choc financier a surtout compromis les émissions obligataires internationales. Chez les banques européennes, qui ont enregistré des pertes importantes sur leurs prêts en Asie, il pourrait susciter des réticences à la participation à un consortium.

Si l'on raisonne en *termes nets* (en tenant compte du fait que certains nouveaux prêts ont été consacrés aux remboursements ou à la consolidation de crédits internationaux existants), il apparaît que le flux des crédits a été de l'ordre de 265 et 354 milliards de dollars en 1996 et 1997, ce qui est considérable aux regard des évolutions antérieures. Plusieurs facteurs expliquent cet essor récent (tableaux antérieurs). D'abord, la concurrence entre banques a beaucoup contracté les marges sur les prêts syndiqués pour les pays de l'OCDE et pour les pays hors OCDE. Nombre d'emprunteurs ont aussi profité des conditions plus favorables de taux pour rembourser ou consolider leurs emprunts. De façon générale, les États ont emprunté à des taux extrêmement avantageux et les grandes entreprises ont aussi pu se financer avec moins de 10 points de base de marge. Par ailleurs, il faut évoquer la montée en puissance des fusions et acquisitions qui, exigeant souvent des mobilisations rapides de capitaux, font largement appel aux crédits consortiaux.

IV. LES RISQUES DES EUROMARCHÉS

Ces risques doivent être appréhendés au niveau du système financier international et à celui d'une eurobanque. Ils appellent la mise en place de réglementations.

1. Euromarchés et système financier international

Les euromarchés présentent des avantages divers. Fondamentalement, ils contribuent à une mobilité internationale des capitaux et permettent de remédier à certaines imperfections des marchés financiers nationaux, telles que leurs rigidités, leurs défauts de concurrence, etc. Après les chocs pétroliers, ils ont assuré le recyclage des pétrodollars, ce qui a permis aux pays supportant une lourde facture pétrolière de disposer de ressources pour couvrir les déficits de leur balance de paiements.

Mais ils peuvent aussi être tenus pour des sources de fragilité de la sphère financière internationale. Des mouvements de capitaux spéculatifs peuvent s'y développer sans que les banques centrales puissent les endiguer, du fait de l'absence de réglementations. En change fixe, une telle mobilité des capitaux amoindrit l'autonomie et l'efficacité des politiques monétaires nationales. En change flexible, une politique monétaire restrictive sera aussi compromise par de telles possibilités d'emprunt de la monnaie nationale auprès d'eurobanques et de telles opérations pourraient induire des fluctuations prononcées du cours de la monnaie nationale.

2. Les risques pour une eurobanque

Comme on l'a vu, les aléas auxquels doit faire face une eurobanque sont de divers ordres : des risques de taux d'intérêt, des risques en devises et des risques de contrepartie.

Ainsi, elle sera soumise à un *risque de change* si la structure par devises de son actif et de son passif ne concordent pas ; il lui faudra alors limiter ou gérer cette exposition, par exemple en se couvrant sur les marchés dérivés de devises. Toutefois, les banques limitent assez strictement leurs positions de change.

Elle sera confrontée à un *risque de taux* selon les divergences des maturités de ses engagements et de ses emplois ; une eurobanque opère peu de *transformation* dans ses opérations interbancaires, mais elle s'y livre davantage en offrant des eurocrédits (échéances des ressources nettement plus courtes que celles des prêts). Impérativement, elle devra s'en rendre maîtresse en s'obligeant à respecter divers ratios issus d'analyses de *duration* : pour un emprunt ce concept représente à la fois sa durée de vie moyenne – plus précisément, la moyenne des dates des paiements d'intérêt et des remboursements du capital pondérées par l'importance relative de ces versements – et la sensibilité de son coût aux mouvements des taux d'intérêt.

L'eurobanque pourra encore se couvrir par des opérations sur les marchés dérivés de taux d'intérêt (voir chapitre 3) : le *contrat de futures sur l'eurodollar à 3 mois* – négocié à l'International Money Market (IMM) du Chicago Mercantile Exchange (CME) – est un contrat à terme particulièrement utilisé ; il est aussi largement fait appel aux *options* ayant comme sous-jacents des contrats de futures sur eurodollars. Elle pourra aussi se protéger par recours aux *forward rate agreements* (FRA), l'achat d'un tel instrument lui permettant, par exemple, de fixer le coût d'un emprunt qu'elle lancera ultérieurement : ce contrat entre deux parties stipule que si le taux d'intérêt est supérieur à un taux convenu, le vendeur du FRA paiera à l'acheteur le surplus d'intérêt sur un capital convenu, et inversement. En fait, on peut montrer que les taux des FRA sont liés aux *taux forward implicites* inhérents à toute courbe de taux d'intérêt : concrètement, un taux sur un an de 6 % et un taux sur 5 ans de 7 % recouvrent un taux forward implicite de 7,25 % sur les quatre dernières années, puisque placer sur un an à 6 % et réinvestir la somme obtenue sur 4 ans à 7,25 % donnera le même capital qu'avec un placement sur 5 ans à 7 %. On voit alors que l'exposition à un *risque de transformation* est liée à ce taux à terme implicite : prêter à longue échéance sur la base d'emprunts à court terme renouvelés jusqu'à la maturité du prêt représente un pari sur des taux courts futurs inférieurs au taux forward implicite (en raison de ces paris, on peut envisager que le taux forward implicite soit lié aux anticipations de taux).

La gestion des *risques de défaut* d'un bénéficiaire d'eurocrédit a été évoquée dans la section précédente.

Des économistes comme Masera ou Johnston ont envisagé au début des années 80 que des réglementations, nécessairement internationalement admises, circonscrivent l'essor des euromarchés. Le *Concordat de Bâle* (1975 et 1983) a proposé quelques règles. En cas de crise d'insolvabilité d'une eurobanque, l'assistance sera de la responsabilité de la banque centrale dont dépend la direction de cette institution. En cas de crise de liquidité, le prêteur en dernier ressort est cette seule banque centrale si l'eurobanque a statut de succursale (*branch*) ; si elle a statut de filiale (*subsidiary*), cette banque centrale et la banque centrale du pays où elle exerce ses activités seraient conjointement les prêteurs en dernier ressort. La sécurité des eurobanques passe aussi par les exigences de capitaux propres initialement proposées par le *Comité de Bâle*.

Chapitre 2

Les émissions internationales de titres

Les opérations sur titres retiendront, à présent, notre attention ; on considérera, d'abord, les émissions internationales d'obligations, puis celles d'euro-billets de trésorerie et d'euro-effets, enfin les émissions internationales d'actions.

I. LES OBLIGATIONS INTERNATIONALES

On s'attachera ici aux marchés des *euro-obligations* (*eurobonds*) et aux marchés des *obligations étrangères* (*foreign bonds*). Le volume des émissions de tels titres de dette atteignait 831,6 milliards de dollars en 1997 contre 390,4 milliards de dollars pour les crédits consortiaux. Les évolutions respectives de ces deux modes de financement reposent sur des arbitrages. Naturellement, les emprunteurs s'attachent d'abord à leurs coûts financiers : par exemple, le recul des eurocrédits en 1996 a été dû aux conditions d'emprunt plus intéressantes sur les marchés d'obligations internationales. Par ailleurs, ils mettent en balance les avantages de relations bilatérales étroites avec les banques, inhérentes aux eurocrédits, et la préservation de leur autonomie de décision permise par un recours aux obligations internationales. Les prêteurs prennent en considération les rendements proposés et les risques de défaut sur ces marchés.

– Les *obligations étrangères* sont des titres émis par un emprunteur non résident sur une place financière où ils seront donc ensuite cotés ; ils sont libellés dans la devise du pays où se fait l'émission. Une entreprise française qui choisit de lancer un emprunt (en dollars) à New York, par exemple, émet des obligations étrangères. L'émission de ces titres est organisée par un syndicat de banques et d'institutions financières du pays où s'effectue le placement ; elle jouit de certains avantages fiscaux, tout en étant soumise aux réglementations locales. Les plus importants marchés d'émissions sont New York, Zurich et Tokyo. À ces obligations sont attachés des noms pittoresques : les obligations étrangères émises aux États-Unis et libellées en dollars sont dénommées *Yankee bonds*, celles émises au Japon en yens sont des *samouraï bonds*, pour les Pays-Bas on parle de *Rembrandt bonds*, pour Londres de *bulldog bonds*, pour l'Australie de *kangourou bonds* etc. Mais ces titres peuvent aussi être libellés dans une monnaie autre que celle du marché d'émission : ainsi, les *Yankee eurobonds* désignent des obligations émises aux États-Unis par des non-résidents et libellées en euros ; les *shogun bonds* désignent des obligations émises au Japon par des non-résidents et non libellées en yens. Leur place d'émission est aussi leur marché secondaire (cotation et négociation) ; mais la plupart des transactions s'opèrent hors bourse, menées par des intermédiaires (*traders*) ou des *teneurs de marché* se portant contrepartie (*market makers*) ; la compensation des transactions est alors réalisée par deux centrales de clearing, CEDEL et EUROCLEAR.

– Les *euro-obligations* désignent des titres de créance émis dans plusieurs pays (l'absence de lieu unique d'émission en fait un vrai placement international) par un *syndicat* de banques internationales ; elles sont libellées dans une devise pouvant être celle du pays de l'emprunteur ou une autre monnaie (on désigne les euro-obligations lancées en dollars, par exemple, comme des *eurodollar bonds*) ; elles bénéficient d'un statut fiscal privilégié ; leurs cotations et leurs négociations ultérieures (marché secondaire) ne sont pas localisées géographiquement sur une place : de façon simplement formelle, elles peuvent être cotées sur une grande place par souci de notoriété, mais les transactions sont menées de gré à gré par des opérateurs – de simples intermédiaires ou des teneurs de marché – dans les salles de marché des banques (avec des prix *bid* et *ask*), CEDEL et EUROCLEAR assurant la compensation. Ainsi, à tous égards, les origines de leurs capitaux et leurs marchés – d'émission et de négociation – sont transnationaux.

Tandis que les marchés des devises ou les marchés d'eurocrédits sont très interconnectés par des relations d'arbitrage spécifiques, les divers marchés d'obligations internationales sont faiblement imbriqués internationalement, chacun étant plutôt lié au marché domestique correspondant.

1. L'émergence et l'essor des émissions obligataires internationales

Se financer en lançant des emprunts obligataires sur des marchés étrangers est une pratique bien ancienne. Dans la seconde moitié du XIXe siècle, les capitaux britanniques, français et allemands ont largement facilité le développement économique de pays hors d'Europe occidentale. Ces financements prenaient surtout la forme d'émissions étrangères. Londres était la principale place où s'opéraient de telles levées de fonds, aux volumes si considérables qu'on a pu penser qu'elles avaient freiné la croissance britannique (Scannavino, 1996). Après 1945, ces émissions étaient concentrées à Londres, Zurich et surtout New York, du fait de l'importance des capitaux disponibles sur ces places et de coûts financiers particulièrement avantageux.

L'adoption de l'Interest Egalisation Tax, en 1963, destinée à endiguer les émissions de non-résidents aux États-Unis, favorisa le développement du marché euro-obligataire, largement exempt de réglementations ; néanmoins, sa suppression en 1974 ne compromit pas l'expansion de ce marché, du fait du premier choc pétrolier qui avait, depuis 1973, créé d'immenses besoins de financement dans le monde entier. De même, l'abrogation de la *retenue à la source* sur les titres émis aux États-Unis sur le marché obligataire domestique aurait pu freiner, à partir de 1984, l'expansion du marché euro-obligataire, mais tel ne fut pas le cas. L'étroitesse et les législations des marchés financiers européens, notamment, expliquaient cette résistance.

De leur côté, les émissions étrangères connurent aussi un développement persistant depuis le début des années 80, au moins jusqu'en 1996, sur les places de New York, Zurich, Tokyo, Francfort. Aujourd'hui, les emprunteurs, pour diversifier leurs financements, recourent tant aux *eurodollars bonds* qu'aux *Yankee bonds*, par exemple.

De 1992 à 1997, le taux annuel moyen de progression des lancements d'obligations internationales s'est élevé à 20 %.

L'expansion de l'ensemble des financements dispensés sur les marchés internationaux de capitaux a été notable en 1997, voisine de 10 %, essentiellement grâce à la bonne tenue des émissions d'obligations internationales qui ont atteint des niveaux record en dépit d'un net recul au dernier trimestre redevable aux troubles financiers d'Asie : sur l'année, la progression de ces emprunts dépasse 17 % ; si l'on raisonne à taux de change constant, elle se révèle proche de 26 %. Le faible niveau des taux d'intérêt et la confiance en une poursuite de la croissance sans dérive inflationniste (conviction très partagée au moins jusqu'en septembre) expliquent ces performances ; notamment, la bonne tenue du dollar comme du deutsche mark ont encouragé les émissions d'obligations classiques internationales libellées en ces monnaies (progressions respectives de 33,7 % et 23 %). Les facilités de swaps – une conversion aisée d'emprunts à taux fixe en emprunts à taux variable – sont favorables à l'émission d'obligations classiques internationales, surtout lorsque les marges sur swaps sont élevées (voir chapitre 3) ; or celles-ci ont atteint en 1997 leur niveau le plus élevé des cinq dernières années.

Au dernier trimestre 1997, après les dépréciations des monnaies d'Asie du Sud-Est, puis les chocs boursiers en Europe occidentale, en Amérique du Nord, en Amérique latine et en Europe centrale, l'activité sur les marchés d'obligations internationales s'est contractée de 40 %.

2. Les émissions d'euro-obligations

Une euro-émission participe d'une stratégie d'entreprise : elle renforce l'assise internationale de celle-ci et accroît sa notoriété ; elle permet de satisfaire d'importants besoins de financement à long terme que les marchés nationaux ne pourraient couvrir.

On a insisté sur la légèreté des réglementations, les exemptions de taxes (il faut évoquer aussi l'anonymat des souscriptions d'euro-obligations) expliquant l'essor des émissions

Nouvelles émissions d'obligations internationales
(milliards de dollars)

	1996	1997
Euro-obligations	**589,8**	**735,1**
(par monnaie de libellé)		
Dollar	268,7	361,7
Deutsche mark	100,1	130,2
Livre	51,8	68,6
Franc	46,1	49,8
Yen	41,2	28,4
Obligations étrangères	**119**	**96,5**
(par places d'émission)		
États-Unis	40,5	45,5
Japon	35,5	17,4
Suisse	25	21
Total	**708,8**	**831,6**
Total à taux de change constant (fin 1990)	*719*	*905,2*
Remboursements prévus et anticipés	302,9	-
Émissions nettes	405,9	-
Nature des obligations		
Obligations classiques	*464,4*	*545,5*
Obligations à taux révisable	*165,7*	*213,1*
Obligations convertibles	*25,6*	*35,8*
Obligations à bons de souscription d'actions	*8,8*	*3,1*
Obligations à coupon-zéro	*9,7*	*8,8*
Divers	*34,6*	*25,3*
Statut des émetteurs		
Gouvernements	*100,5*	*97,5*
Entreprises publiques	*77,7*	*83,6*
Banques	*245,9*	*293*
Entreprises privées	*233,3*	*301,2*
Organisations internationales	*51,4*	*56,3*
Nationalité des émetteurs		
Membres de l'OCDE :	618,3	716,8
États-Unis	*129*	*189,3*
Allemagne	*111,5*	*152,1*
Japon	*42,3*	*41,6*
Royaume-Uni	*53,4*	*52,2*
France	*34,8*	*43,6*
Non-membres de l'OCDE :	65,6	85,9
Argentine	*13,7*	*15,4*
Brésil	*12,8*	*17,1*
Chine	*4,2*	*5,3*
Indonésie	*3,4*	*3,6*
Thaïlande	*4,9*	*2,5*

D'après : OCDE, Tendances des marchés des capitaux.

euro-obligataires ; il convient aussi de s'attacher à ce qui distingue ce mode de financement d'un recours aux eurocrédits.

Comme on l'a vu, le bénéficiaire d'un eurocrédit peut être tenu au respect de certains ratios de bilan ou à l'acception (pour un État) de certaines exigences du FMI : s'il ne satisfait pas à de telles contraintes, cet emprunteur pourra être tenu pour défaillant même s'il assume les paiements d'intérêts. Rien de tel avec les euro-obligations, où les offreurs de capitaux ne sont pas impliqués dans la gestion de l'emprunteur : la défaillance ne s'identifie qu'au non-paiement des intérêts, et le bailleur de fonds n'a pas de droit de regard sur la gestion du bénéficiaire des capitaux. En contrepartie, seuls les emprunteurs considérés comme présentant un faible risque seront à même d'émettre de tels titres : les marchés d'obligations internationales sont plus sévères que ceux d'eurocrédits.

Toutes les monnaies internationales ont été utilisées pour les émissions euro-obligataires, mis à part le *franc suisse* (les autorités financières de ce pays ayant choisi de privilégier les *émissions étrangères* sur la place de Zurich). Le dollar, le deutsche mark, la livre, le franc et le yen sont les devises de libellé les plus employées ; l'euro est appelé à devenir une grande monnaie d'émission.

- **Le montage des émissions d'euro-obligations**

Les euro-obligations sont émises et placées par des syndicats (larges, *mammoth syndicate*, ou étroits, *club deal*) pouvant regrouper des banques d'affaires (*investment banks* et *merchant banks*) et des filiales, à statut de *merchant banks*, de banques commerciales.

Un emprunteur (État, institution internationale, entreprise, banque) propose à une *investment bank* d'être chef de file (*lead manager*) du consortium. Celle-ci demande à d'autres banques de participer au montage financier de l'émission, c'est-à-dire d'être partie prenante dans une négociation avec l'emprunteur des conditions de ce financement, puis de structurer et gérer l'émission. Ces banques constituent le *managing group* (syndicat de direction). Des institutions financières comme Nomura, Yamaichi, Daiwa, Nikko, Deutsche Bank, CSFB, JP Morgan, Morgan Stanley, Paribas, Merrill Lynch, ont tenu le rôle de chef de file.

Deux autres catégories de banques sont aussi mises à contribution, les *selling banks* formant le syndicat de placement et les *underwriting banks* constituant le syndicat de garantie : les secondes s'engagent auprès du *managing group* à acquérir les titres à un prix minimum si les *selling banks* ne peuvent les faire souscrire aux investisseurs finals aux conditions initialement envisagées.

Le principe des commissions (*fee*) perçues par les membres du syndicat est le suivant : si une obligation doit être vendue 1 000 dollars (au pair), il est convenu que le *lead manager* paiera, par exemple, le titre 975 dollars à l'emprunteur (spread ou *flotation cost* de 2,5 %), puis mettra les titres à la disposition des *underwriters* à 980 dollars et à la disposition des *sellers* à 985 dollars (*fees extracted by discounts*) : ainsi, le spread de 25 dollars se trouve réparti en une *selling concession* de 1 000 – 985 = 15 dollars (60 % du spread), une *underwriting allowance* de 985 – 980 = 5 dollars (20 % du spread) et un *management fee* de 980 – 975 = 5 dollars (20 % du spread). On voit que les *sellers* peuvent placer les titres à tout prix supérieur à 985 dollars. Mais, les 2,5 % de spread ne seront effectivement perçus par les banques que si le prix d'émission est effectivement de 1 000 dollars ; si le titre est vendu à 990 dollars, les trois syndicats ne se partageront que 15 dollars. Pour les euro-obligations en dollars, le spread est en général de 2 % pour les émissions à plus de dix ans (les émissions à moindre échéance ayant des spreads plus faibles).

Le montage et le lancement de l'émission peuvent se réaliser sur un laps de temps assez bref : durant deux semaines environ, des discussions préliminaires entre le *lead manager* et l'emprunteur sont menées, puis l'émission est annoncée et les *managing banks* proposent à d'autres banques de constituer le syndicat ; sept à dix jours après, l'émission peut débuter ; elle sera close au bout de deux semaines.

Durant la période séparant l'annonce de l'émission du début de son lancement, le marché gris (*gray market* ou *premarket*) est en fonctionnement : les *sellers* y déterminent le cours auquel ils peuvent offrir les titres émis aux investisseurs. De son côté, le *lead manager* s'efforcera d'influencer les cours entre la période d'ouverture et de clôture de l'émission : il soutiendra les cours avec quelques autres banques du syndicat ; en effet, il lui faut amenuiser l'écart possible entre les conditions annoncées et les prix de vente effectifs et éviter, à tout le moins, que les cours ne tombent au-dessous du prix de vente aux *selling banks* (son prestige en tant qu'expert du marché est en jeu). Par exemple, si les taux d'intérêt montent durant la période d'émission, les prix des titres baisseront et le *lead manager* devra acheter des titres pour soutenir leur cours ; à rebours, si les taux baissent les prix des obligations s'élèveront et davantage de titres pourront être placés.

- **La diversité des euro-obligations**

La première euro-obligation reconnue comme telle fut liée au financement de la construction d'autoroutes italiennes, en juillet 1963 ; le lancement de cet emprunt fut assuré par la banque Warburg avec comme co-managers la Banque de Bruxelles, la Deutsche Bank et la Rotterdamsche Bank NV. Depuis, sur ces marchés, la diversité des instruments de placement témoigne d'une tendance profonde à l'innovation financière.

Les *euro-obligations* classiques à taux fixe (*straight fixed-rate bonds*) ont les mêmes caractéristiques que celles émises sur les marchés internes (leur valeur nominale étant, toutefois, bien plus élevée) ; leur important développement tient au fait que les entreprises émettrices ont conservé leurs pratiques coutumières des marchés internes. Une prime de risque est intégrée au taux d'intérêt servi ; néanmoins, il n'y a presque pas de défaut sur le marché euro-obligataire. Les émissions peuvent être amorties, éventuellement, selon des modalités sophistiquées ; des clauses de remboursement anticipé peuvent être admises (liées à des menaces de réévaluation de la devise d'émission).

Introduites en 1969, durant une période d'élévation des taux d'intérêt, les *euro-obligations à taux variable (floating rate notes)* sont largement libellées en dollars ; mais la livre, le mark, le yen, l'écu ont aussi été des devises utilisées (les premières émissions en yens et en marks n'ont pas été lancées avant le milieu des années 80). Les investisseurs les privilégient en période de montée des taux. Leurs conditions financières sont définies en termes de spread sur la base d'un taux de référence approprié à la devise d'émission (par exemple le LIBOR). La rémunération, de type *roll over*, est une réaction aux incertitudes relatives aux taux d'intérêt ; c'est une similitude avec les eurocrédits. Elles se distinguent de ces derniers dans la mesure où elles disposent d'un marché secondaire sur lequel les titres peuvent être cédés.

Les *obligations convertibles* (*convertible bonds*) sont apparues en 1965 : selon les modalités spécifiées à la souscription, elles sont échangeables contre des actions de l'entreprise émettrice (*equity linked*), contre d'autres obligations (des *floating rates notes* par exemple), contre de l'or, du pétrole, etc. ; le paiement des intérêts ou le remboursement du principal en d'autres devises (à taux de change convenu) est aussi envisageable. La conversion est à la discrétion de l'investisseur : par suite, ces titres s'évaluent comme les options. Ils se développent quand les perspectives boursières sont bonnes. Ils ont été surtout lancés par de grandes entreprises privées américaines, et libellés en dollars. Leur maturité est généralement supérieure à celle des obligations ordinaires ; mais le coupon est moindre, l'investisseur espérant une conversion fructueuse (le coût de cet emprunt est relativement avantageux pour l'émetteur).

Les *obligations avec bons de souscription d'actions* (*warrants d'actions*) sont des titres permettant d'acquérir optionnellement des actions de la société émettrice, durant une période donnée, à un prix fixé ; elles sont apparues au début des années 80 et se sont développées avec l'essor des marchés boursiers. Les *obligations avec bons de souscription d'obligations* (*warrants d'obligations*) offrent la possibilité d'acquérir des titres à revenu fixe, sur un laps de temps convenu, à un cours précisé. Les avantages offert aux investisseurs par de tels instruments financiers en favorisent le placement ; le warrant est détachable et peut être négocié sur un marché secondaire.

Les *mortgage-backed eurobonds*, apparus en 1984, sont des titres adossés à un ensemble d'actifs – créances hypothécaires (*mortgages*), *trust deeds*, d'autres obligations – tenant lieu de garanties et qui facilitent les émissions d'institutions considérées comme quelque peu risquées.

Les *dual-currency bonds* sont des euro-obligations émises dans une devise, mais avec paiement des coupons ou remboursement du principal effectués dans une autre devise.

Les *obligations à coupon zéro* correspondent à des titres sans coupons, mais émis en dessous de leur valeur faciale et remboursés à celle-ci ou émis à leur valeur faciale et remboursés avec une prime au-dessus de celle-ci.

3. Les émissions étrangères

Les émissions d'obligations étrangères ont été essentiellement réalisées, en 1997, aux États-Unis (47 %), en Suisse (21,8 %) et au Japon (18 %). Naturellement, avec l'instauration de l'euro, la convergence des taux d'intérêt à long terme dans l'UEM et les accords entre places européennes, la notion même d'obligation étrangère dans cet espace financier va changer de sens.

Lors de la crise asiatique, presque tous les marchés obligataires ont connu d'importantes corrections à la baisse en octobre 1997 ; on a pu relever que les investisseurs avaient alors délaissé les valeurs étrangères et privilégié les valeurs nationales. Le très fort repli, au dernier trimestre de 1997, des émissions d'obligations étrangères lancées à Tokyo constitue, dans cette conjoncture, l'évolution récente la plus notable.

Pourtant, des perspectives de reprise durable des activités d'émission dans les pays de l'OCDE se laissent envisager. D'une part, confrontés au faible niveau des taux d'intérêt, les offreurs de capitaux vont rechercher des actifs plus rémunérateurs que les emprunts d'État, dont l'offre va diminuer. D'autre part, la demande de capitaux sera soutenue, du fait des restructurations d'entreprises, des privatisations en Europe occidentale, des besoins de fonds en Amérique latine, en Asie ou à l'Est de l'Europe.

4. Diverses obligations internationales

On s'attachera, ici, aux obligations étrangères et aux euro-obligations les plus en vue.

- **Eurodollar bonds et Yankee bonds**

Longtemps, le marché des *Yankee bonds* fut le plus important marché d'obligations étrangères du monde ; en 1994, il a été surpassé par le marché des obligations étrangères en franc suisse ; depuis il a repris la prééminence.

Ce marché fut affecté de 1963 à 1974 par l'Interest Equalization Tax qui éloigna les emprunteurs européens (forcés de payer des intérêts plus élevés pour compenser la taxe). Les risques attachés aux émissions de *Yankee bonds* sont estimés (*rating*) par Standard & Poor's Corporation ou Moody's Investors Services Inc. Cette notation est indispensable pour que les titres puissent être offerts aux investisseurs institutionnels américains : ce marché a été de plus en plus réservé aux emprunteurs dont les notes sont excellentes. Il n'y a pas de taxe sur les coupons payés aux investisseurs non résidents. Les spreads des *Yankee bonds* sont moins élevés que ceux des euro-obligations en dollars ; leurs coûts d'émission sont relativement plus faibles ; leurs coupons sont payés semestriellement tandis que ceux des euro-obligations en dollars le sont annuellement ; leur marché secondaire est plus liquide.

- **Euro-obligations et obligations étrangères en deutsche marks**

Les euro-obligations en marks sont apparues en 1964 : les non-résidents qui acquéraient les obligations domestiques allemandes le faisaient en anticipant une appréciation de cette monnaie relativement au dollar ; une taxe de 25 % fut alors établie pour décourager ces achats spéculatifs et les euro-obligations en DM furent alors instaurées pour lui échapper. Ainsi, du fait de cette taxe, ces marchés étaient légalement dissociés ; aussitôt après la suppression aux États-Unis d'une taxe semblable, l'Allemagne l'abandonna en octobre 1984.

Légalement, il n'y a pas de distinction entre les euro-obligations en DM et les obligations étrangères : si le syndicat qui place les obligations internationales est composé exclu-

sivement de banques allemandes, ces titres sont qualifiés de
« DM *foreign bonds* », sinon ces titres sont classés « DM
eurobonds ». Leurs conditions de rémunération sont donc
homogènes. Ces marchés d'obligations internationales sont
dominés par les grandes banques allemandes.

Jusqu'en 1985, la Bundesbank s'opposa à l'émission de *floating rate notes* : elle préférait que les marchés monétaires fussent coupés des marchés financiers (segmentation), ne souhaitant pas d'interdépendance des taux longs et des taux courts. Le mouvement de déréglementation financière amena la suspension de cette opposition ; le taux de référence fut le FIBOR (Frankfurt Interbank Offered rate).

- **Eurobonds en yen et samouraï bonds**

Le marché obligataire domestique japonais est le second du monde ; longtemps, les non-résidents n'y eurent qu'un accès limité. Au demeurant, il n'était guère accessible même aux entreprises japonaises : par tradition, les émissions devaient être entièrement garanties par des actifs de l'entreprise ; elles étaient surtout le fait de l'État japonais ou des institutions bancaires de ce pays (qui mettaient ensuite ces capitaux à la disposition des entreprises). Les premières émissions de *samouraï bonds* n'y furent pas opérées avant 1970. Dans un premier temps, seuls les États et les institutions internationales purent en lancer. Il fallut attendre 1979 pour qu'une entreprise (Sears, Roebuck) puisse émettre. Initialement, il fallait aussi que les emprunteurs sur le marché des *samouraï bonds* convertissent les yens obtenus en devises étrangères. Comme nombre d'acheteurs étaient des non-résidents, le yen n'était qu'une monnaie de libellé ; l'intégralité de l'émission de *samouraï bonds* ne représentait pas un financement net par l'épargne japonaise (les compagnies d'assurance-vie japonaises étaient autorisées, toutefois, à détenir 10 % de leur portefeuille en titres étrangers).

La première émission d'euro-obligations en yens n'eut pas lieu avant 1977. Elle fut lancée par la Banque européenne d'investissement. Une réglementation dissuasive fut mise en place par la suite.

En mai 1984, les États-Unis et le Japon convinrent d'une atténuation des restrictions sur les financements internationaux en yens. Les entreprises non japonaises furent autorisées à émettre des obligations en yens ; des banques étrangères purent être chefs de file ; en 1985, les banques étrangères purent lancer des émissions ; les FRN, les obligations *dual-currency* et les obligations *à coupon zéro* furent alors autorisées. Les conséquences de cette déréglementation furent immédiates : le montant des *eurobonds* en yens dépassa celui des *eurobonds* en marks dès la première moitié de 1985. Les *samouraï bonds* sont listés au Tokyo Stock Exchange, et les euro-obligations en yens le sont à Londres et Luxembourg.

- **Les obligations étrangères en francs suisses**

La Suisse détient l'un des plus grands marchés du monde d'obligations étrangères (le franc suisse est choisi comme monnaie de libellé pour la stabilité de son pouvoir d'achat). Cette puissance de place ne signifie pas que les financements soient opérés sur la base de l'épargne suisse : en fait, des non-résidents y prêtent à d'autres non-résidents. Le marché des *eurobonds* en francs suisses fut instauré en 1963 lors d'une émission en francs suisses lancée à Copenhague, puis il fut fermé de 1963 à 1982 ; depuis 1984, les émissions ont été progressivement déréglementées.

II. LES EURO-BILLETS DE TRÉSORERIE ET LES EURO-EFFETS

Il convient de s'attacher aussi à trois innovations importantes remontant au milieu des années 80 : les euro-effets garantis (*euro-notes facilities*), les euro-billets de trésorerie (*euro commercial paper*) et les euro-effets à moyen terme (*medium term notes*). Leur origine est liée à la grave crise d'insolvabilité sur les marchés financiers internationaux du début des années 80 : les banques internationales sont alors devenues plus sévères dans l'attribution des nouveaux crédits et elles ont aussi souhaité que leurs financements fussent négociables sur un marché afin que leurs risques fussent amenuisés. L'émergence de ces instruments a correspondu à une volonté de substituer des émissions de titres aux eurocrédits (ils s'apparentent tant à ceux-ci qu'aux obligations internationales).

1. Les euro-effets garantis

Les euro-effets garantis sont plus significativement désignés comme des *facilités d'émission d'euro-effets avec garantie d'un syndicat bancaire* : il s'agit de titres émis internationalement avec une garantie de syndicat bancaire qualifiée de facilité de soutien à l'émission. Leur volume est négligeable (voir tableau en annexe de l'ouvrage).

Les *revolving underwriting facilities* (*RUF*) sont des *billets à ordre* de un à six mois d'échéance dont le programme d'émission a été élaboré par un syndicat de placement (*tender panel*) assisté d'un syndicat de garantie (*underwriting syndicate*). Ils sont négociables sur un marché secondaire. Si le placement ne peut être opéré à un taux inférieur ou égal au taux maximal prévu (relatif au LIBOR accru d'une marge), le syndicat de garantie est tenu d'acquérir les titres à ce taux ou d'octroyer un crédit à ce même taux (il assume les risques, avec une rémunération souvent médiocre). Les *notes issuance facilities* (*NIF*) abolissent la distinction entre banques de placement et banques de garantie. Les *multi option facilities* (MOF) ouvrent conjointement à un emprunteur l'accès au marché des euro-effets, à celui du *commercial paper*, à une ligne de crédit proposée par un syndicat bancaire, etc.

Les euro-effets apparaissent proches des euro-obligations par leurs caractéristiques de placement syndiqué et leurs marchés secondaires (où CEDEL et EUROCLEAR assurent les compensations). Bien que leurs échéances soient courtes, dans la mesure où les émissions sont renouvelables sur une longue période, elles assurent à leur émetteur un financement à moyen ou long terme sur la base de taux courts ; par ailleurs, elles bénéficient d'une garantie bancaire pouvant se concrétiser par l'octroi d'un eurocrédit : tout ceci les apparente aux prêts bancaires internationaux consortiaux. Il est apparu que les garanties étaient très rarement mise en jeu. Des émissions non garanties ont donc été envisagées.

2. Les facilités non garanties

Ce sont des titres semblables aux précédents à l'exception de la garantie bancaire. L'absence de commission de garantie versée au syndicat bancaire rend ces effets moins onéreux.

- **Les euro-billets de trésorerie**

Il s'agit de titres émis par des entreprises industrielles et commerciales. Ils ont été initialement proposés en 1984, en référence au marché américain du *commercial paper* qui existe depuis très longtemps. Ils sont très proches des billets de trésorerie émis en France depuis 1985 (élaborés sur le même modèle). Ils prennent la forme de billets au porteur, d'une échéance de quelques jours à moins d'un an. La concurrence des marchés nationaux de billets de trésorerie explique leur recul de 1988 à 1992 ; ces dernières années, ils subissaient aussi une forte concurrence des euro-notes. États, entreprises publiques et firmes multinationales en sont les émetteurs.

- **Les euro-notes à moyen terme sans garantie**

Créées en 1986, elles sont un prolongement des euro-billets de trésorerie : simplement leurs échéances sont plus longues (supérieures ou égales à dix-huit mois). Leur progression a été très forte en 1991 et 1992.

III. LES ACTIONS INTERNATIONALES

On peut distinguer plusieurs émissions d'actions dans la sphère internationale. Les *actions étrangères* sont des titres émis et cotés sur une place étrangère et devant se plier aux réglementations de leur place d'émission (les procédures sont longues et coûteuses). Les *actions à émission internationalement diversifiée* sont vendues sur plusieurs places par un syndicat international d'émission, mais cotées dans leur pays d'origine. Les *actions internationales* ou *euro-actions* sont lancées par un syndicat international de banques ou des maisons de courtage, émises sur diverses places et négociées sur des places où les législations sont peu contraignantes, parfois sur une place *offshore*. Seules les euro-actions retiennent ici notre attention.

Ces émissions ont vraiment commencé durant la première moitié des années 80. Leur essor fut alors remarquable ; il s'expliquait par la santé des marchés d'actions, notamment américains et japonais. La majorité des actifs ainsi émis sont des actions ordinaires ; mais, des actions sans droit de vote ou à droit de vote limité ont aussi été proposées ; il peut s'agir encore d'actions préférentielles, de titres de participation et de certificats d'investissement. Les syndicats opèrent de façon assez similaire à ceux lançant les émissions euro-obligataires.

En 1995, ces émissions s'étaient élevées à 41 milliards de dollars, en raison des privatisations (15,2 milliards pour celles-ci). En 1996, le chiffre record de 57,7 milliards de dollars a été atteint (progression de près de 36 %) surtout en raison des introductions en bourse de sociétés privées et d'offres de vente d'actions de sociétés déjà cotées ; à hauteur de 16,3 milliards de dollars, ces émissions ont financé des entreprises de pays non membres de l'OCDE. Néanmoins, ces émissions représentaient à peine 4,6 % des financements internationaux en 1994, 3,2 % en 1995 (du fait de l'expansion exceptionnelle des eurocrédits) et 3,8 % en 1996. Ce marché devrait croître en raison des multinationales qui devraient y recourir abondamment pour leurs émissions de titres.

Une émission d'euro-actions permet de lever des fonds plus importants que par une émission sur le marché national ; elle offre aussi une notoriété internationale accrue ; pour les dirigeants de l'entreprise émettrice, la dispersion des détenteurs d'actions limite les dangers de perte de contrôle, et la diversité des actionnaires reflétera mieux la répartition des intérêts d'une multinationale dans plusieurs parties du monde.

Chapitre 3

Les marchés dérivés

Au cours des années 70, le passage aux taux de change flottants, les nouveaux principes de la politique monétaire américaine qui ont induit une volatilité plus élevée des taux d'intérêt, l'internationalisation et la déréglementation des marchés financiers, la montée de l'endettement international ont sensiblement accru les risques auxquels sont confrontés États, organismes supranationaux, entreprises, banques, etc.

La nécessité plus impérieuse de couvrir des opérations en devises, des emprunts à court ou long terme, des investissements boursiers, etc., a été à l'origine de l'émergence de nouveaux marchés sur lesquels sont émis et se négocient des actifs conçus pour autoriser la gestion des risques liés aux opérations ou aux instruments financiers venant d'être évoqués. Aussi les désigne-t-on comme des *marchés dérivés*. La valeur de ces actifs dépendant de celle des instruments financiers dont ils assurent la couverture et des incertitudes du contexte économique, on les désigne encore comme des *actifs contingents*.

Nous présenterons, ici, trois marchés dérivés : ceux des swaps, des *contrats à terme* et des options. Ces marchés ont connu une expansion spectaculaire qui sera explicitée et chiffrée dans le chapitre 4. Notre propos sera alors d'identifier leur importance économique en précisant leur utilité, de reconnaître leurs incidences stabilisatrices ou déstabilisatrices, d'envisager les risques dont ils peuvent être source, etc.

I. LES SWAPS ET LEURS MARCHÉS

Les swaps (terme anglais signifiant *échanges* ou *trocs*) sont des instruments financiers – désignés encore comme des *contrats d'échange* – permettant à un agent économique de se couvrir ou de modifier son exposition à un risque de taux d'intérêt ou de change. À ce titre, ils ont offert aux États, aux institutions internationales (Banque mondiale, CEE, Banque européenne d'investissement, etc.), aux entreprises ou aux banques un accès à certains marchés de capitaux, la possibilité d'emprunter dans de meilleures conditions ou celle de restructurer leur endettement.

Ainsi, par exemple, à divers moments, de grandes entreprises n'ont pu s'endetter à taux fixe sur les marchés internationaux de capitaux en raison de l'ampleur des emprunts déjà réalisés par les États ; elles se sont alors financées à taux variable et ont converti, par des swaps, ces emprunts en dettes à taux fixe ; elles ont pu aussi, par des swaps, restructurer leur endettement en diminuant leurs emprunts dans certaines devises. De son côté, la Banque mondiale a souvent emprunté en dollars et fait appel aux swaps pour obtenir des capitaux libellés en d'autres devises ; ses opérations ont représenté, certaines années, jusqu'à 10 % du marché mondial des swaps. Par ailleurs, les occasions de swaps influencent encore le rythme et le montant des émissions d'euro-obligations, comme on le précisera.

Aussi, les swaps constituent-ils aujourd'hui l'un des compartiments les plus actifs du marché international des capitaux. Il est difficile de recenser ces opérations en raison de leur diversité, du fait que parfois elles ne sont pas rendues publiques, etc. Mais, si l'on se rapporte aux données collectées par la Bank for International Settlements (BIS) et l'International Swaps and Derivatives Association (ISDA), le montant des capitaux faisant l'objet de swaps serait passé de 865,7 milliards de dollars en 1987 à 20 730,5 milliards de dollars en 1996 (FMI *ICM* 1998) ; au demeurant, nous verrons que ces recensements ne sont pas exhaustifs.

L'émergence de ces instruments financiers est récente : les premiers swaps de devises ont été conclus dans les années 70, les premiers swaps de taux d'intérêt au début des années 80 ; toutefois, divers montages financiers en avaient été des précurseurs. Évoquer l'émergence et l'essor de ces instruments financiers revient à témoigner de l'intensité de l'innovation financière et à en expliciter certains fondements.

1. Des instruments financiers précurseurs des swaps

Dans les années 60, divers pays – ce fut le cas de la Grande-Bretagne – avaient imposé des contrôles de change destinés à endiguer une éventuelle spéculation contre leur monnaie nationale. Ces contrôles tendaient à empêcher, réglementairement, les résidents et les non-résidents d'emprunter la monnaie nationale pour la convertir en devises étrangères prêtées ensuite dans l'espoir d'une appréciation. Mais, ces restrictions avaient aussi pour effet d'empêcher une filiale à l'étranger d'une entreprise résidente d'emprunter à celle-ci les devises dont elle pouvait avoir besoin et de prohiber pour une filiale d'entreprise non résidente un endettement auprès de sa maison mère.

Le système des *prêts parallèles* (*parallel loans*), reposant sur un échange de paiements d'intérêts préfigurant les swaps, avait alors permis de tourner de telles restrictions : une entreprise américaine, par exemple, empruntait des dollars pour les prêter au même taux à la filiale aux États-Unis d'une société britannique, tandis que celle-ci s'endettait à Londres pour prêter des livres, aux conditions de son emprunt, à une filiale anglaise de la société américaine. Chacune des filiales disposait ainsi de la monnaie dont elle avait besoin à des conditions privilégiées puisque l'emprunt était réalisé par la maison mère de l'autre société qui, généralement mieux cotée qu'une filiale par les organismes spécialisés de notation, pouvait emprunter à des taux plus favorables (moindres primes de risque). Cette innovation financière répondait aux restrictions issues d'une réglementation.

Mais plusieurs difficultés étaient inhérentes à une semblable procédure : d'abord, chaque entreprise (ou un intermédiaire devant être rémunéré) avait à trouver une autre société intéressée par ce système de prêts parallèles ; ensuite, une des filiales pouvait ne pas remplir ses engagements (risques de contrepartie) ; enfin, les prêts apparaissaient au bilan tant de la société mère que de sa filiale, élevant leurs ratios dettes/passif et amenuisant les capacités d'endettement de chacune d'elles. De tels montages financiers posaient aussi de délicats problèmes juridiques.

Un autre arrangement financier, les *prêts adossés* (*back-to-back loans*), permettait de tourner partiellement ces difficultés : chaque entreprise empruntait sur son marché national et prêtait (dans la mesure où le contrôle des changes le permettait) au même taux à l'autre maison mère, à qui il incombait de transférer ensuite ces fonds à sa filiale.

Les opérations de swaps ont répondu au souci de supprimer deux des inconvénients venant d'être mentionnés : elles sont enregistrées hors bilan et, en cas de défaillance d'une partie, les obligations de l'autre partie sont suspendues. Elles se sont développées lorsque la volatilité des taux d'intérêt et celle des taux de change se sont accrues. Nous présenterons ici deux catégories de swaps, les swaps de taux d'intérêt (*interest rate swaps*) et les swaps de devises (*currency rate swaps*), en n'évoquant que les stratégies de base, non les montages financiers ou les instruments complexes (*credit swaps, equity swaps, swaps deferred, swaps in arrear, amortising swaps, accreting swaps, constant maturity swaps, swaps with variable nominal*, etc.).

2. Les swaps de taux d'intérêt

Par le volume des opérations conclues, ils constituent la forme de swap la plus développée : le montant des capitaux objets de swaps de taux d'intérêt aurait été de 19 171 milliards de dollars à la fin 1996 (FMI *ICM* 1998).

• **Les principes d'un swap de charges d'emprunts**

Considérons une société favorablement estimée par les organismes de notation qui lui attribueraient l'excellente cote AAA (*rating*) et pouvant alors emprunter en dollars, par exemple, sur trois ans, à un taux d'intérêt fixe de 4 % sur le marché euro-obligataire ou à un taux variable (révisé tous les 6 mois) égal au LIBOR + 0,5 % sur le marché des eurocrédits. Soit, par ailleurs, une société moins bien notée, ne bénéficiant que de la cote A, qui ne pourrait emprunter en dollars qu'à un taux fixe de 5,5 % ou à un taux variable LIBOR + 1 %. La première entreprise apparaît, relativement à la seconde, mieux traitée sur le marché obligataire que sur le marché des prêts bancaires où les concurrences sont vives : on retiendra que l'écart entre l'avantage comparatif dont elle bénéficie sur chaque marché est de 1,5 % − 0,5 % = 1 %, car tel sera le total des économies de charges d'emprunt que les deux sociétés pourront se partager par un swap de taux d'intérêt sur dettes (ou *liability swap*, ici on n'évoquera pas les swaps de taux d'intérêt sur créances ou *asset swaps*) ; il exploitera simplement la différence de notations.

En effet, par un swap (de type *plain vanilla*, le plus répandu sur les emprunts en dollars, on dit aussi *standard*) elles vont pouvoir améliorer leurs conditions respectives d'emprunt, sous réserve que la société cotée AAA veuille bien ne pas s'en tenir à un financement à taux fixe, ni la société cotée A à un endettement à taux variable. La société AAA, se portant sur le marché obligataire (où elle a le plus fort avantage comparatif), et la société A, se portant sur le marché bancaire, empruntent une même somme (le *principal*) sur une même échéance (cette contrainte n'est liée qu'à la simplicité recherchée dans cet exemple, des montages financiers la tournent aisément), puis ces deux sociétés conviennent, par exemple, de l'échange de taux suivant : tous les six mois, la société AAA transfère à la société A une somme correspondant aux paiements d'intérêts relatifs au LIBOR tandis qu'elle reçoit de cette dernière un versement d'intérêts liés à un taux fixe de 4,25 %. *In fine*, les conditions d'endettement de la société AAA (4 % + LIBOR − 4,25 %) correspondent ainsi à celles d'un emprunt à taux variable LIBOR − 0,25 % (économie de 0,75 % par rapport au taux variable proposé sur le marché bancaire) ; elle est receveur d'une série de flux à taux fixe (désignée comme la *jambe fixe* du swap, *fixed leg*) et payeur d'une série de flux à taux variable (ou *jambe variable, floating leg*). Les charges de la firme A (LIBOR + 1 % + 4,25 % − LIBOR) sont celles d'un emprunt à taux fixe de 5,25 % (économie de 0,25 % par rapport aux exigences du marché obligataire). La somme des économies réalisées par les deux entreprises atteint précisément 1 %.

D'où proviennent les économies réalisées ? De prime abord, elles ont pour origine la modification par le swap de l'écart des primes de risque exigées par les marchés obligataires et bancaires : notamment, la société AAA a accepté de réviser l'évaluation du risque de contrepartie présenté par la société A que formulaient les organismes de notation, lui consentant un amenuisement de sa prime de risque. Certes, les appréciations de ces organismes sont susceptibles d'être discutées (elles peuvent ne pas avoir réalisé leurs estimations de façon efficiente) ; mais il est possible aussi que la société AAA ait accepté d'assumer un risque moins rémunéré qu'il ne conviendrait.

En général, le montage est spécifié de telle sorte que le transfert corresponde, à des dates fixes (tous les six mois, par exemple), au net des intérêts à verser. De plus, à l'évidence, le principal n'ayant pas à être échangé (la même somme serait transférée à chaque partie), on le désigne comme *notionnel*. Des conditions standards de swaps sont diffusées par l'ISDA.

L'exemple précédent a traité de sociétés soucieuses d'améliorer leurs conditions d'emprunt. Un swap peut aussi concerner des entreprises ambitionnant de restructurer leur endettement : ainsi une firme, déjà endettée à taux fixe sur longue période et anticipant une baisse des taux, pourra souhaiter, en recourant aux swaps, lier son endettement à un taux variable. On peut aussi envisager le cas d'une société désireuse de transformer, grâce aux swaps, un endettement à taux variable en endettement à taux fixe pour réagencer la structure de son passif, ou opérant de même sur ses créances – gestion actif-passif (*assets-liabilities management*). Le recours aux swaps permet encore une gestion de risque pour une entreprise endettée à taux fixe, mais dont les rentrées sont liées à l'évolution des taux courts.

• Le montage d'un swap

Un *swap plain vanilla* est défini par rapport à un taux fixe de référence ; il s'agit communément du taux des obligations du Trésor américain, d'échéance correspondante. Par exemple, pour un swap à trois ans, une banque proposera de recevoir le LIBOR et de verser le taux fixe r des obligations du Trésor américain à trois ans plus m points de base (centièmes de %), soit $r_s = r + m$; naturellement, plus cette marge m est élevée, plus le swap est intéressant pour l'autre partie. Les marges sur swaps sont, en général, d'autant plus hautes que les échéances s'allongent. Il est clair qu'un swap convertissant une émission obligataire à taux fixe r_f en emprunt à taux variable sera envisageable, pour un émetteur pouvant se financer sur le marché bancaire au taux variable (LIBOR + r_v), sous réserve que l'on ait : r_f + LIBOR − $(r + m)$ < LIBOR + r_v, soit encore $m > r_f − r − r_v$: cette relation est dénommée *fenêtre de swap*.

Des marges élevées m devraient ainsi favoriser les émissions d'euro-obligations à taux fixe. Mais cette relation n'est plus vraiment étroite (FMI *ICM* 1996). Pour les swaps à cinq ans, par exemple, ces marges atteignaient cent points de base en 1987 tandis qu'elles n'étaient en 1996 que légèrement supérieures à trente points de base et, pourtant, les émissions d'obligations classiques libellées en dollars n'ont cessé d'augmenter : celles-ci dépendant bien sûr d'autres facteurs que les possibilités de swaps (demande globale de capitaux, anticipations de change, etc.). De leur côté, les montages de swaps relèvent d'autres mobiles que le seul aménagement de conditions d'emprunt. Néanmoins, au quatrième trimestre 1997, les marges sur swaps ont atteint leur niveau le plus élevé des cinq dernières années, ce qui a nettement stimulé les émissions d'obligations internationales classiques (à taux fixes) en dollars sur cette période, comme on l'a évoqué au chapitre 2.

Dans le chapitre 1, on avait observé que les taux d'intérêt à court terme étaient liés aux taux longs par des taux à *terme implicites* (*forward*) structurant la courbe de taux d'intérêt (un taux sur un an de 4 % et un taux sur trois ans de 5 % recouvrent un taux forward implicite sur deux ans de 5,5 % ou, par exemple, des taux forward implicites sur un an de 5,3 % puis 5,71 %) et pouvant intégrer − mais il ne s'agit que d'une hypothèse sur les déterminants de la gamme des taux − les anticipations des taux d'intérêt futurs par les marchés (pour ceux-ci, dans notre exemple, 5,5 % serait le taux à deux ans qui s'instaurerait le plus probablement au début de la seconde période et, par ailleurs, 5,3 % serait le taux à un an qui prévaudrait au début de la seconde période et 5,71 % le taux à un an au début de la troisième période). Lorsqu'un swap plain vanilla d'échange d'un taux fixe sur n années contre un taux variable (actualisé tous les six mois, par exemple) est conclu, les valeurs actualisées de la jambe fixe et de la jambe variable doivent être égales, sur la base des taux forward découlant de la structure des taux (reflet de la succession anticipée des taux variables). Mais l'écart de ces valeurs actualisées évolue à mesure que le temps passe et que la gamme des taux se modifie ; le contractant qui transfère à l'autre les intérêts correspondant au taux variable souffrira, par exemple, d'une hausse des taux non anticipée ; il est donc exposé à un *risque de taux d'intérêt* et devrait couvrir sa position (naturellement, il est aussi possible de sortir d'un swap en concluant un swap de sens opposé). Il est clair qu'un tel swap peut aussi recouvrir une *spéculation* de l'autre partie sur une hausse des taux.

Par ailleurs, il est bien évident qu'une des deux parties peut être défaillante, ne pas respecter ses engagements ; aussi les swaps sont-ils le plus souvent proposés par des intermédiaires financiers – banques et courtiers internationaux – aptes à gérer un tel *risque de contrepartie*. Ces intermédiaires se donnent pour rôle de trouver et rapprocher des partenaires aux besoins complémentaires, d'assurer la confidentialité de l'opération, de se porter garants du respect des engagements des parties.

Mais les grandes banques internationales, outre ces services de conseil et d'intermédiation, interviennent comme contrepartie directe : pour monter une opération conforme aux souhaits précis de deux entreprises, elles sont souvent amenées à conclure un swap spécifique avec chacune d'elles. D'une part, en écartant le risque de défaillance pour chaque société, ces intermédiaires améliorent la sécurité du marché des swaps ; d'autre part, ils assurent l'activité de ce marché, on dit qu'ils en améliorent la *liquidité*. Leur compétence et leur dimension financière permettent à ces institutions de jouer ce rôle essentiel et rémunérateur ; mais la concurrence est vive aujourd'hui sur ce segment des marchés financiers, et les exigences de ratios prudentiels plus sévères ont aussi conduit à une baisse de la rentabilité de ces opérations : la rémunération de l'intermédiaire est, en général, d'environ trois points de base (soit 0,03 %), écart entre ce qu'il est disposé, en échange du LIBOR, à donner à taux fixe dans le cadre d'un swap et à recevoir à taux fixe dans le cadre d'un autre swap (*spread bid-ask*, défini sur le taux fixe exclusivement). Il résulte, de l'ensemble consolidé des opérations de swaps d'une banque (recensées dans son *swaps book*), d'une part, une position résiduelle sur les engagements à taux variables (maîtrisée selon les principes de la gestion de trésorerie) et, d'autre part, une position résiduelle sur les engagements à taux fixes, qui constitue le vrai risque de taux de l'établissement.

- **La structure de taux d'intérêt sous-jacente aux swaps**

Puisque sa jambe variable est simplement un taux de référence tel que le LIBOR, un swap plain vanilla est coté par un taux fixe ; le recensement de tels échanges pour diverses maturités permet d'identifier une structure de taux (*swap curve*). Naturellement, elle est plus haute que celle représentative des rendements des obligations d'État : elle intègre des primes de risque certes appliquées à d'excellents emprunteurs, mais supérieures à celles offertes par la puissance publique.

Le graphique suivant fait apparaître une forme « normale » de courbe des taux (établie sur la base des taux de swaps) pour le yen, l'euro et le dollar.

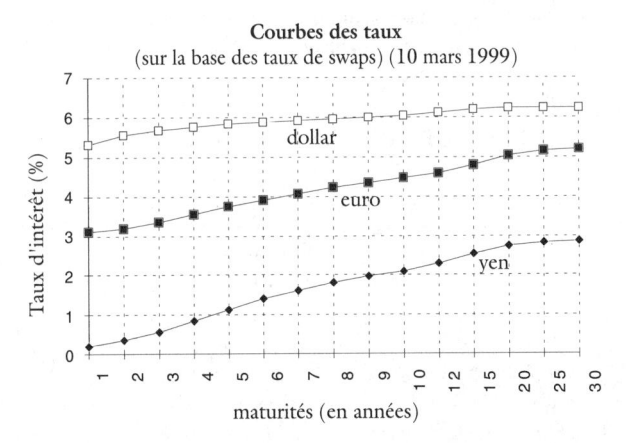

Courbes des taux
(sur la base des taux de swaps) (10 mars 1999)

D'après : *Financial Times*.

3. Les swaps de devises

Considérons le cas d'une entreprise souhaitant s'endetter dans une monnaie sans pouvoir aisément accéder à son marché (en raison, par exemple, d'un contrôle des changes ou de conditions peu favorables). Elle peut envisager d'emprunter une monnaie tierce (par exemple, une monnaie forte, dont le taux n'intègre pas de risque de dépréciation, donc à prime de risque réduite) puis de passer un swap avec une entreprise n'étant pas légalement empêchée de s'endetter dans la monnaie qu'elle désire ou pouvant le faire à de meilleures conditions. Elles vont échanger les devises qu'elles ont respectivement empruntées ; à toutes les échéances des paiements d'intérêt, chaque entreprise livrera à l'autre de quoi faire face à ses obligations ; *in fine*, elles se rétrocéderont les devises initialement échangées afin de faire face au remboursement du capital de leurs emprunts.

Le swap de devises le plus répandu est de type plain vanilla : échange d'un taux variable (en général, le LIBOR à six mois) sur le dollar contre un taux fixe sur une autre devise ; mais, naturellement, d'autres swaps de devises adoptent des taux de référence différents. De plus, certains swaps échangent des intérêts à taux fixe dans une devise contre des intérêts à taux fixe dans une autre devise, on parle de *swap fixe-fixe*, ou des intérêts à taux variable dans une devise contre des intérêts à taux variable dans une autre devise (*basis swap*).

II. LES MARCHÉS DE CONTRATS À TERME

Les marchés à terme de marchandises ont existé très tôt : on peut évoquer les transactions à terme sur les tulipes d'Amsterdam au XVIIe siècle – rendues célèbres par leurs bulles spéculatives – et, dans le dernier quart du XIXe siècle, les agriculteurs américains recouraient systématiquement à des opérations à terme pour stabiliser les cours de négociation de leurs récoltes. Les marchés à terme ont connu un essor remarquable sur la période récente en raison de la montée des incertitudes affectant les cours des matières premières, les cours boursiers, les changes, les taux d'intérêt, etc.

Ces marchés ont ainsi une dimension internationale. Donnons-en un autre exemple, plus spécifique : la réforme de la politique agricole commune, en 1992, avait entraîné une déréglementation des marchés d'oléagineux et exposé l'ensemble de cette filière aux fluctuations de prix de ces marchandises ; les organisations professionnelles européennes de ce secteur ont alors souhaité disposer d'un contrat standardisé sur les graines oléagineuses, ce qui fut l'origine de la création sur le MATIF d'un contrat à terme sur le colza.

Le premier marché à terme d'instruments financiers ou *financial futures* a été créé en 1975 au Chicago Board of Trade (CBOT) ; puis ont été instaurés l'International Monetary Market (IMM) sur le Chicago Mercantile Exchange (CME), le New York Futures Exchange (NYFE), le London International Financial Futures Exchange (LIFFE), le Marché à terme international de France (MATIF), le Philadelphia Board of Trade (PHLX), etc. Les montants des opérations ne cessent de progresser de façon spectaculaire (nous l'évoquerons au chapitre 4).

1. Les principes d'un marché à terme

Un agent est en *position longue* (*long*) sur un actif s'il en est créancier net (il en possède ou doit en recevoir plus qu'il ne doit en livrer) ; il est alors exposé au risque d'une baisse de sa valeur. À rebours, en *position courte* (*short*) sur un actif, il est exposé au risque d'une montée de son prix. Les anticipations et l'attitude d'un agent à l'égard du risque gouverneront le choix de ses stratégies financières et la gestion de ses positions.

Un agent qui est ainsi en *position ouverte* (c'est-à-dire courte ou longue) sur un actif pourra chercher à se couvrir (*hedging*) en prenant sur un marché à terme une position inverse. S'il est en position longue, par exemple, il souscrira un contrat de vente à terme, en souhaitant ainsi que sa position globale (sur l'actif et l'instrument de couverture) soit *fermée*, c'est-à-dire de valeur invariante – stratégie d'immunisation.

Envisageons une illustration. Un agent acquiert des actions ou des devises (on parlera des actifs sous-jacents ou du physique) à un cours p en pensant les revendre à une date ultérieure t mais en redoutant leur dépréciation (cours $p_t < p$). En s'engageant dans une vente à terme – un autre agent lui achète au *prix à terme* (*forward*) F ces titres qu'il livrera à l'échéance t – il cherche à s'assurer de la valeur de liquidation de son portefeuille. Une chute des cours lui sera favorable dans la mesure où il fournira alors des titres dépréciés : la plus-value sur le marché à terme compensera la perte sur le marché au comptant ; ce faisant, il se *couvre*. Néanmoins, cette procédure ne l'empêchera pas d'enregistrer un manque à gagner dans le cas où $F < p_t$ et une perte si $F < p$. Les agents ayant acheté ces contrats à terme aux *hedgers* ont accepté d'être en position ouverte, ils *spéculent* (*positioning*). Pour que des agents puissent se couvrir, il faut que d'autres agents acceptent ce transfert de risques, que devrait compenser une prime de risque : une première raison d'être, une forme d'utilité sociale, de la spéculation. Par ailleurs, dans le cas de figure évoqué, les informations de ces derniers doivent plutôt les mener à envisager une montée des cours (*bullish market*, par opposition à *bearish market* c'est-à-dire marché baissier) : on peut observer que les opérations (*trading*) des spéculateurs favoriseront la révélation et la diffusion de leurs informations privées (le prix à terme en représentant une synthèse), transfert d'informations profitable à la collectivité, qui constitue une autre forme d'utilité sociale de la spéculation.

Par suite, si la spéculation a pour origine, bien souvent, des mobiles peu scrupuleux de profit et si ses effets légitiment parfois de l'endiguer par des réglementations ou des réactions d'institutions (par exemple, une commission d'opérations de bourse faisant obstacle à des initiatives dommageables pour des actionnaires, une banque centrale protégeant sa monnaie d'attaques compromettant le bien-être de la collectivité nationale), le terme n'est pas à recevoir selon une acception exclusivement péjorative.

Les contrats à terme peuvent relever d'un simple accord entre deux parties – on les dit *de gré à gré* (*over the counter*, OTC) – et on est alors en présence de contrats *forward*. Ces marchés hors bourse sont des marchés interbancaires ou des marchés liant des banques à des entreprises (*corporates*), des institutions financières (*institutionals*) et des particuliers (*individuals*) dans le cas de la banque de détail (*retail banking*). Ces contrats très spécifiques ont comme avantage une grande flexibilité, mais présentent un double inconvénient : ils exposent celui qui s'y engage à un risque de liquidité (pour vendre un contrat à terme il faut trouver un acheteur) et à un risque de contrepartie (cet acheteur peut ne pas remplir ses engagements).

Les contrats de gré à gré sont trop hétérogènes dans leurs montants, leurs risques, leurs échéances ou leurs devises de support pour qu'un opérateur trouve aisément une contrepartie. Aussi des marchés organisés de contrats à terme, dits *marchés de futures*, ont-ils été instaurés dans les années 70. Les institutions en charge de leur gestion proposent des contrats standardisés et définissent la réglementation du marché ; des principes de négociation stricts et très contrôlés sont mis en place ; une *chambre de compensation* s'interpose automatiquement entre acheteurs et vendeurs de contrats ; des *dépôts de garantie* (*deposit*) sont requis et des *appels de marge* (*margin*) quotidiens sont exigés des opérateurs ayant connu des pertes ; des professionnels, les teneurs de marché (*market makers*), se proposent comme contrepartie pour assurer la liquidité du marché ; le nombre de contrats détenus peut être limité ; etc.

On considérera la couverture, successivement, d'un risque de change, d'un risque de taux d'intérêt et d'un risque boursier grâce aux marchés à terme. On raisonnera sur des exemples.

2. Les marchés à terme de devises et la couverture du risque de change

Pour illustrer la détermination du change à terme (*forward rate*, en abrégé *fwd*), envisageons les conditions suivantes : les transactions au comptant sur la parité dollar-euro sont caractérisées par un cours acheteur (*bid*) de 0,91827 euro pour 1 dollar (soit 1,089 dollar pour 1 euro) et un cours *vendeur* (*ask*) de 0,91869 euro pour 1 dollar (1,0885 dollar pour 1 euro), le spread assurant la rémunération des professionnels qui opèrent comme intermédiaires ; le cours moyen (*mid*) est donc de 0,91852 euro pour 1 dollar (1,0887 dollars pour 1 euro). Le taux d'intérêt d'un prêt à trois mois de dollars est de 4 29/32 % et celui d'un emprunt de 5 1/32 % (taux *mid* 4 31/32) ; sur l'euro, ces taux sont respectivement de 3 1/32 % et 3 4/32 % (taux *mid* approximatif 3 3/32). Ces données vont déterminer les prix d'une vente et d'un achat à terme de dollars (on évoque ici le taux de change d'une monnaie à un terme inférieur à un an ; le taux de change à terme à plus d'un an renvoie à des calculs un peu plus complexes, car on peut envisager plusieurs procédures pour se couvrir).

- **Détermination du prix plancher d'une vente à terme de dollars**

Un exportateur français qui doit recevoir d'un client 100 000 dollars dans trois mois (position longue en dollars) et craint que cette devise ne se déprécie d'ici là est confronté à la nécessité de se couvrir.

Il peut le faire en vendant à terme 100 000 dollars, fixant ainsi ses avoirs en euros au bout des trois mois. Il peut aussi envisager de se couvrir sans passer par les marchés à terme :

1. il empruntera des dollars, au taux annuel de 5 1/32 %, de façon à disposer de 100 000 dollars dans trois mois (il remboursera alors son emprunt en dollars avec ceux qu'il recevra de son client) : à cette fin, il devra se procurer 98 758 dollars (taux trimestrialisé de 1,26 %) ;

2. il les échangera au taux de 0,91827 euro pour 1 dollar, obtenant 90 686 euros ;

3. il placera ces euros, sur trois mois, au taux de 3 1/32 % (taux trimestrialisé de 0,758 %), ce qui lui procurera 91 374 euros.

Après confrontation de ces deux façons de se couvrir – on parle de raisonnement en termes d'arbitrage –, il n'acceptera de vendre ses dollars à terme qu'au prix minimal de 0,91374 euro pour 1 dollar (soit 1,0944 dollar pour 1 euro).

- **Détermination du prix plafond d'un achat à terme de dollars**

Considérons, à présent, un importateur qui devra payer dans trois mois 100 000 dollars pour un achat (position courte en dollars) et craint une montée de cette devise : il va se couvrir en achetant à terme des dollars (pour en disposer lors de son paiement) ou en opérant sur les marchés au comptant. Dans le second cas, il va emprunter des euros, les convertir en dollars et prêter ceux-ci pour disposer de 100 000 dollars dans trois mois :

1. il devra placer 98 788 dollars au taux de 4 29/32 % (taux trimestrialisé de 1,2265 %) pour obtenir les 100 000 dollars au bout des trois mois ;

2. pour avoir cette somme en dollars, il devra donner 90 756 euros, au taux de change au comptant de 0,9187 euro pour 1 dollar ;

3. il lui faudra emprunter ces euros au taux de 3 4/32 % (taux trimestrialisé de 0,7813 %), ce qui l'obligera à rembourser 91 464 euros au bout des trois mois.

Par suite, il n'achètera à terme des dollars que si on les lui propose à moins de 0,91464 euro pour 1 dollar (soit 1,0933 dollar pour 1 euro).

En fait, pour déterminer le change à terme, les *cambistes* travaillent d'abord sur les données *mid* (moyenne des données *bid* et *ask*) ; ici, le cours à terme *mid* du dollar sera de 0,91427 euro pour 1 dollar (soit 1,09377 dollar pour 1 euro) ; puis, ils reconstituent un spread. Ces données correspondent à celles ayant prévalues au début mars 1999 (le forward rate à trois mois ayant effectivement atteint 1,0939 dollar pour 1 euro, soit 0,9142 euro pour 1 dollar).

- **Base et coût du portage**

L'écart entre un taux au comptant S et le taux à terme associé F est appelé *base*. Sur les marchés de devises ou d'actifs financiers, quand $F > S$, on parle de *report* (*premium*) et quand $F < S$, de *déport* (*discount*) ; sur les marchés de matières premières (par exemple le London Metal Exchange), on parle de *contango* et de *backwardation*.

Dans l'exemple précédent, le dollar est en déport (il devrait se déprécier) par rapport à l'euro : en effet, la différence $S - F$ atteint 0,91852 − 0,9142 = 0,0044 euro pour 1 dollar (on en parle en termes de *points de swap*) ; naturellement, cet écart positif tient au fait que les taux d'intérêt sur le dollar sont supérieurs à ceux de l'euro (pour compenser le report des cambistes sur l'euro dont l'appréciation est attendue).

On voit ainsi que la base est liée, quand tous les arbitrages ont été exploités par les *traders*, à l'écart entre le coût des emprunts et le revenu des prêts impliqués dans la couverture : on dit que la base doit être théoriquement égale au *coût du portage* (*cost of carry*) et ce dernier est alors identifié à la *base théorique* (0,91852 − 0,91427 = 0,0043 euro pour 1 dollar, dans notre calcul).

Cette relation caractérise la formation de tout prix à terme : si S désigne le prix au comptant d'un actif à une date *1*, F le prix à terme proposé à la date *1* avec comme échéance une date t et C le coût du portage entre les dates *1* et t, on doit avoir $F = S + C$. Cette formule donne, par exemple, la relation entre le taux de change d'une devise et son taux à terme, entre le cours d'une obligation et celui du contrat à terme lui étant associé, etc. Un écart entre la base effective et le coût du portage (identifié à la base théorique) signifie que des possibilités d'arbitrage n'ont pas été exploitées ; les opérateurs sur le marché à terme, jugeant alors le cours du contrat à terme surévalué ou sous-évalué, ramèneront, par leurs interventions, la base au coût du portage comme nous le verrons sur l'exemple du MATIF.

On dit qu'un agent engagé dans de telles opérations de couverture est *collé à son cours à terme*. Si ses anticipations de taux de change ne se vérifient pas, notre importateur, par exemple, ne pourra tirer parti de la baisse du dollar. Pour avoir les 100 000 dollars correspondant au règlement de son achat, il aura livré 91 420 euros dans le cadre de son achat à terme (F = 0,9142 euro pour 1 dollar) ; s'il avait refusé de se couvrir et acquis ses dollars sur le marché au comptant au bout des trois mois avec un dollar à 0,9 euro, par exemple, il aurait dû simplement donner 90 000 euros. Le profit du *trader* qui a vendu à terme des dollars à notre importateur s'élèverait donc à 1 420 euros. Ainsi, la couverture n'aurait pas amélioré la situation financière de notre importateur ; l'objectif de celle-ci est simplement de lui permettre de dominer une évolution défavorable des cours.

Il est clair que l'évolution de la base ($\Delta B = \Delta S - \Delta F$) est indécise, en raison du non-parallélisme des mouvements de S et de F (quand l'écart $S - F$ s'accroît on dit que *la base* se ren-

force) ; cette incertitude est dénommée *risque de base*. Ce risque est faible pour les contrats sur devises ou sur indices boursiers, les arbitrages ramenant la base au coût du portage (celui-ci devenant nul aux approches de l'échéance, on devra alors avoir $F = S$). Mais il est possible que l'expiration d'un contrat à terme standardisé ne coïncide pas strictement avec la date d'une transaction financière à abriter d'un risque ou même qu'il n'existe pas de contrat à terme correspondant exactement à celle-ci ; pour de telles raisons, la couverture par contrat à terme pourrait ne concorder que de façon approximative aux besoins, ce qui relèverait le risque de base (à l'échéance, F pourrait différer de S).

- **La parité des taux d'intérêt**

Il convient d'expliciter les phénomènes de *déport* et de *report* : en reprenant les données de l'arbitrage de notre exportateur ou de notre importateur (avec les taux trimestrialisés correspondants), on vérifierait aisément que les calculs qui précèdent se laissent synthétiser dans la relation fondamentale de *parité des taux d'intérêt couverte* (*PTI*) formulée par Keynes en 1923 dans son ouvrage *A Tract on Monetary Reform* :

$$F = S \times \frac{1 + i_{euro}}{1 + i_{dollar}} \text{ ou bien } \frac{F - S}{S} = \frac{i_{euro} - i_{dollar}}{1 + i_{dollar}}$$

avec F désignant le taux de change à terme du dollar, S son taux de change au comptant (*spot*), i_{euro} le taux d'intérêt sur l'euro et i_{dollar} celui sur le dollar. Elle est souvent présentée sous la forme approximative : $\frac{F - S}{S} = i_{euro} - i_{dollar}$.

L'égalité de la base au coût du portage s'énonce alors : $F - S = S \times (i_{euro} - i_{dollar})$.

Cette relation, exprimée en temps continu, pour une échéance t (par exemple, 90/360 pour trois mois) s'énoncera $F = S \times \exp\{i_{euro} - i_{dollar}) \times t\}$. Si le cours à terme effectif de l'euro est supérieur à celui donné par la PTI, par exemple, alors des emprunts de dollars destinés à être convertis et placés en euros, accompagnés d'une vente à terme d'euros, livreront un profit sans risque (par hypothèse, F étant supérieur au coût de portage de l'emprunt/placement) ; ces opérations d'*arbitrage*, exploitant une imperfection de marché (sans mise de fonds), feront monter le cours spot du dollar et reculer le cours à terme de l'euro, ramenant à la *PTI*.

Si $i_{dollar} > i_{euro}$, alors $F < S$ (PTI *couverte*) et on peut supposer – mais sans fondements théoriques – que cet avantage de rémunération doive compenser une dépréciation prochaine du dollar (PTI *non couverte*).

Le prix à terme donne-t-il une information fiable sur le prix spot futur ? Cette question essentielle pour les opérateurs – notamment les cambistes – sera abordée au chapitre 4.

Nous allons présenter un marché de futures permettant la couverture d'un risque de taux d'intérêt.

3. Les marchés à terme et la couverture du risque de taux d'intérêt

Les contrats à terme standardisés de titres financiers – ils ont été conçus selon les mêmes principes que les contrats à terme de marchandises – correspondent à des engagements fermes de livrer ou de recevoir des titres financiers présentant des caractéristiques strictement spécifiées par le contrat, à une date bien définie, à un prix fixé lors de la négociation du contrat.

• La standardisation des contrats

Le modèle du contrat de taux d'intérêt à *long terme*, retenu par nombre de places financières, a été celui institué en août 1977 sur le Chicago Board of Trade. Tous les marchés à long terme de taux d'intérêt cotent les contrats en pourcentage du pair (le capital représenté par le titre est ramené à la base 100). Aux États-Unis, les contrats sont cotés par 1/32 % de leur valeur nominale, cet écart minimal s'appelant le *tick* (échelon de cotation) : ainsi, quand on lit que le contrat sur l'une des obligations du Trésor américain (*T-bonds*) cote 101:02 il faut comprendre un indice 101 2/32 relativement à la valeur nominale du contrat (100 000 dollars), soit 101 063 dollars ; la fluctuation minimale est donc de 31,25 dollars. Sur le MATIF, le tick du contrat *e-note 2 ans, euro 5 ans, euro notionnel* et *e-bond 30 ans* est de 0,01 %, soit

10 euros puisque le montant de l'un de ces contrats est de 100 000 euros (toutefois, le tick du contrat *euro tous souverains* est de 0,02 %, soit 20 euros).

Le modèle du contrat pour les taux à court terme est celui institué en décembre 1981 sur le Chicago Mercantile Exchange. Tous les marchés à court terme de taux d'intérêt sont cotés sous la forme d'un indice égal à (100 – taux d'intérêt). Pour le marché à terme des dépôts à 90 jours en eurodollars, où la valeur unitaire d'un contrat est de 1 000 000 de dollars, la valeur du tick est égale à un point de base (0,01 %), soit 25 dollars (l'échéance étant de 90/360 année). Sur le MATIF, pour un prix unitaire de contrat de 1 000 000 d'euros, la valeur du tick sur le contrat *euribor 3 mois* est de 0,5 point de base, soit 12,5 euros.

• La couverture du risque de taux sur le MATIF

On prendra l'exemple du contrat *euro notionnel* (*euro notional*) du MATIF pour présenter la gestion des risques de taux d'intérêt sur les marchés à terme (il prolonge le contrat notionnel créé en février 1986) destiné à couvrir le risque de variation des taux à long terme (de 8,5 à 10,5 ans, les contrats *e-note 2 ans*, *euro 5 ans* et *e-bond 30 ans* couvrant d'autres échéances). Le support de ce contrat à terme standardisé est une obligation fictive, dite notionnelle, représentative d'un emprunt lancé par des États de l'Union économique et monétaire (donc supposée exempte de risque), caractérisée par une valeur nominale de 100 000 euros, un taux d'intérêt nominal de 3,5 %, une maturité allant de 8,5 à 10,5 ans, avec remboursement *in fine*. Elle est supposée cotée en pourcentage du pair *au pied du coupon* (le cours coté n'incluant pas la fraction du coupon couru depuis le dernier détachement), un cours de 96 signifiant donc 96 000 euros. Les négociations s'opèrent avec le système informatisé de transactions NSC ; grâce à l'accord Euro-Globex liant le MATIF, le MEFF et le MIF, elles sont aussi proposées sur les réseaux de distribution espagnols et italiens ; par les accords avec le Chicago Mercantile Exchange, elles sont ouvertes aux opérateurs américains. Un agent pourra déboucler, sur le MATIF, une vente à terme de tels contrats en les rachetant ou en livrant des titres à l'échéance (à choisir dans une liste spécifiée d'emprunts d'États français et allemands, d'une durée de vie comprise entre 8,5 et 10,5 ans, amortis *in fine*, que l'on désigne comme le *gisement des titres livrables*, l'optimum de choix correspondant au titre le moins cher à livrer, *cheapest to deliver*).

Un dépôt de garantie (*initial margin*) est demandé à tout acheteur et vendeur de contrats (par l'adhérent compensateur qui opère en son nom) ; il est ajusté chaque jour par appel de marge (*margining*) : l'acheteur d'un contrat dont le prix a baissé et le vendeur d'un contrat dont le prix s'est élevé, relativement à un cours de compensation (*settlement price*) établi quotidiennement par les autorités de tutelle du marché, devront répondre à un appel de marge ; dans le cas contraire, leur compte de marge sera crédité. Quand l'opérateur déboucle sa position en revendant les contrats, le dépôt de garantie est une dernière fois réajusté et le solde lui est rendu. Ce système est destiné à éviter tout risque de défaut de paiement de la part d'un opérateur.

Sur un marché de futures, une variation maximale des cours par rapport au cours de compensation de la veille peut être définie. Au-delà de cette limite, l'organisme gérant ce marché peut suspendre les négociations et opérer un appel de marge auprès des adhérents ayant enregistré des pertes.

L'organisation des marchés de futures apparaît ainsi reposer sur des soucis de sécurité, de liquidité, de transparence de la formation des cours. Nous verrons aussi que ces marchés sont très *arbitrés*.

Quel est le principe de couverture sur un tel marché ? Au regard des caractéristiques du contrat notionnel (celles d'une obligation à taux fixe de 3,5 %, de 8,5 à 10,5 ans d'échéance et coupon annuel), un prix à terme d'indice 100 correspond à un taux d'intérêt de marché de 3,5 % ; comme l'actualisation à un taux de 3 % de coupons de 3 500 euros et du remboursement d'un capital de 100 000 euros implique un cours de l'obligation plus élevé, les cours des contrats seront donc fonction inverse des taux d'intérêt. Ainsi une entreprise, prévoyant d'émettre un emprunt obligataire à taux fixe dans six mois et redoutant qu'une hausse des taux d'intérêt ne se produise d'ici là, pourra se couvrir en vendant des contrats à terme qu'elle rachètera au moment où elle lancera son emprunt : en cas de hausse des taux, elle rachètera les contrats moins chers, ce qui compensera exactement le renchérissement de son emprunt ; en cas de baisse des taux, elle enregistrera une perte sur le marché à terme mais qui sera strictement compensée par le moindre coût de son emprunt obligataire.

- **Les arbitrages sur un marché à terme**

Il faut s'attacher aux opérations d'*arbitrage*, qui garantissent la légitimité du prix des contrats en imposant l'égalisation de la base et du coût du portage : sans risque ni levée de fonds, elles tirent parti d'imperfections temporaires des marchés et contribuent, de façon essentielle, aux rééquilibrages des cours.

Par exemple, si le cours du contrat MATIF paraît surévalué au regard de la base théorique, les arbitragistes réaliseront des opérations *cash and carry* pour tirer parti de l'écart entre la base effective et le coût du portage : ils emprunteront des liquidités à un taux d'intérêt à court terme pour acheter des obligations sur le marché au comptant (en fait, l'obligation la moins chère à livrer du *gisement*) et, dans le même temps, ils vendront des contrats à terme ; ils porteront les obligations en touchant leurs coupons ; à l'échéance, ils fermeront leurs positions sur le marché à terme en livrant les obligations et ils rembourseront l'emprunt. Ces arbitrages de type *comptant-terme* feront monter les taux d'intérêt à court terme, s'élever le cours au comptant des obligations et baisser celui des contrats à terme, ce qui rétablira l'égalité de la base effective et de la base théorique. Le *coût de portage* correspond ici à l'écart entre taux d'intérêt à court terme et taux d'intérêt à long terme. À rebours, si le cours du contrat MATIF paraît sous-évalué au regard de la base théorique, les arbitragistes procéderont à des arbitrages *reverse cash and carry*. On pourrait encore évoquer les arbitrages de type *terme-terme* ou de type *future-option*.

- **La spéculation sur un marché à terme**

Aux opérations de couverture, auxquelles l'existence des marchés à terme doit sa légitimité, correspondent, on l'a vu, des opérations de spéculation sans lesquelles il n'y aurait pas de liquidité du marché.

Mais la spéculation peut aussi revêtir bien des formes spécifiques, en reposant sur des prévisions et des convictions ; on en envisagera une illustration, relative à une déformation de la courbe des taux. Supposons qu'un agent anticipe un accroissement de l'écart entre les taux d'intérêt à dix ans et à cinq ans ; d'abord, il peut acheter l'obligation de référence pour les opérations à cinq ans (en France, des BTAN c'est-à-dire des *Bons du Trésor à intérêt annuels*, titres relatifs aux échéances de deux à sept ans) en empruntant les fonds sur le marché monétaire, et vendre à découvert l'obligation de référence pour les opérations à dix ans (en France, des OAT c'est-à-dire des *obligations assimilables du Trésor*, titres relatifs aux échéances allant de sept à trente ans) ; sur le MATIF, il lui suffirait d'acheter des contrats *euro 5 ans* et de vendre des contrats *euro notionnels* (les coûts de transaction seraient d'ailleurs moindres).

4. La couverture des risques liés aux évolutions d'un indice boursier

On s'attachera aux contrats à terme sur actions et sur indices boursiers.

• Les contrats à terme sur actions

La relation entre le cours au comptant S d'une action et son cours à terme F, pour une échéance t assez proche (ce qui permet de faire abstraction des dividendes servis), quand le taux d'intérêt sans risque est r, s'énonce (en temps continu) $F = S\, e^{rt}$; une action valant 100 francs aurait un cours forward à trois mois de 100,75 francs, dès lors que le taux court atteindrait 3 %. Si, par exemple, on avait $F > S\, e^{rt}$, il suffirait à un opérateur d'emprunter une somme S au taux r pour acheter l'action et de vendre un contrat à terme, puis en t de déboucler sa position forward en livrant l'action, ce qui lui assurerait un profit de $F - S\, e^{rt}$, sans risque ni mise de fonds ; de telles opérations d'*arbitrage* ramèneraient la base effective à la base théorique, en faisant baisser F.

En prenant en compte le dividende servi par l'action, dont le taux de rendement serait désigné par q, cette relation se formule $F = S\,e^{(r-q)t}$.

- **Les contrats à terme sur indices boursiers**

On peut aussi abriter du risque un portefeuille boursier par recours aux contrats à terme ; pour simplifier, on considérera un portefeuille parfaitement diversifié, en référence à un indice boursier (*gestion indicielle*). Il pourra s'agir, notamment, d'un *contrat de futures* sur le Dow Jones ou le Dow Jones industrial (cotés sur le CBOT), sur l'un des indices S & P (Standard & Poor's 500, Mini Standard & Poor's Midcap 500 ou Standard & Poor's Midcap 400 cotés sur le CME), le NYSE composite Index ou le NYSE MMI, le FT 100 (Financial Times 100, coté sur le LIFFE), le CAC 40 (coté sur le MATIF), le DAX (Francfort, coté sur l'EUREX), le DJ EURO STOXX 50 (coté sur l'EUREX), le NIKKEI (Tokyo, coté sur le CME), etc. La valeur monétaire d'un contrat de futures sur le Standard & Poor's 500, par exemple, représentera 250 fois l'indice, par construction. Envisageons qu'à une date donnée, par exemple en mars, cet indice (au regard duquel le portefeuille d'actions est diversifié) soit au niveau 1280 (le contrat valant donc 320 000 dollars), que le taux d'intérêt sans risque à trois mois soit de 5 % et que le taux de rendement des dividendes des titres inclus dans l'indice soit de 3 % ; le contrat à trois mois sur le Standard & Poor's 500 devra coter 1 286,4 sur la base de la formule $F = S\,e^{(r-q)t}$. Par ailleurs, supposons qu'en mars le contrat à trois mois sur le Standard & Poor's 500 cote, respectivement, 1286 et 1290 pour les échéances de fin mars et fin juin (hausse de 0,31 %) ; ceci signifie que les opérateurs attendent un rendement (annualisé) des dividendes inférieur au taux d'intérêt sans risque de 1,2 % sur le prochain trimestre.

III. LES MARCHÉS D'OPTIONS

Comme on vient de le voir, les contrats à terme ferme permettent à un agent de s'abriter de risques de taux d'intérêt, de change, etc. mais au travers d'engagements pouvant manquer de flexibilité. L'originalité des options est de restituer des degrés de liberté. Ce faisant, ils permettent de se couvrir et, tout à la fois, de spéculer.

1. La présentation des options

Une option est un contrat entre deux parties par lequel l'une accorde à l'autre le droit, et non l'obligation, d'acheter (en anglais *to call*) ou de vendre (*to put*) un actif (tel que des devises, des actions, des contrats à terme ou d'autres instruments financiers, des matières premières, des services...) que l'on dénomme alors *support* (on parle encore de *sous-jacent* ou de *titre de base*), à un prix convenu dit *prix d'exercice* (*strike price*), à une échéance donnée ; la contrepartie d'un tel droit est une somme forfaitaire désignée comme la *prime* (*premium*). Une option d'achat, désignée comme un *call*, ou une option de vente, appelée usuellement *put*, sera dite *américaine* si son acheteur peut l'exercer à n'importe quelle date avant l'échéance précisée par le contrat ; sinon elle sera dite *européenne*. Les contrats optionnels peuvent être conclus de gré à gré ou sur des marchés organisés ; ces derniers ont été instaurés au début des années 70.

Une option ne sera exercée – on la présente comme un actif *conditionnel*, la différenciant ainsi des swaps et des contrats à terme – que si son acquéreur y trouve avantage : par exemple, un *call* permettant l'achat d'actions à un prix d'exercice E et avec une prime C ne sera pas exercé par son détenteur s'il peut se procurer ces actions à un cours S inférieur à E ; la perte encourue est alors limitée à la prime. Sinon, le gain potentiel sera égal à $S - (E + C)$. L'acheteur d'un *call* se couvre contre une hausse du cours du sous-jacent et spécule *ipso facto* sur cette hausse dont il tire parti.

Les gains et pertes de l'acheteur et du vendeur d'un *call* ou d'un *put* sur action peuvent se représenter par les graphiques suivants.

Nous venons d'évoquer des instruments standards et des stratégies de base, mais les montages les plus complexes peuvent être imaginés. Parmi les stratégies simples figurent les achats de *stellages* (*straddles*), qui consistent en l'achat d'un *call* et d'un *put* de même prix d'exercice et de même échéance, et

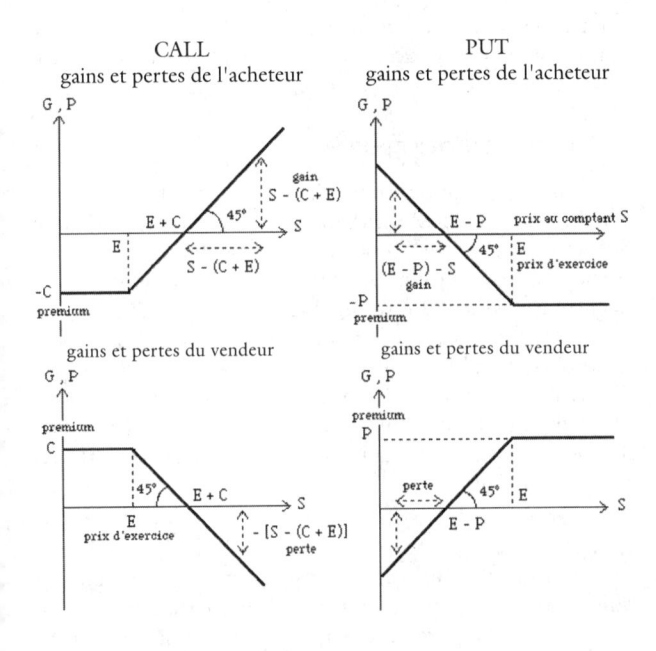

CALL
gains et pertes de l'acheteur

(graphique : courbe de gain/perte d'un call acheteur, avec premium $-C$, point E, point $E+C$, angle 45°, gain $S-(C+E)$)

gains et pertes du vendeur

(graphique : courbe symétrique, premium C, prix d'exercice E, point $E+C$, perte $-[S-(C+E)]$)

PUT
gains et pertes de l'acheteur

(graphique : courbe de gain/perte d'un put acheteur, premium $-P$, point $E-P$, prix d'exercice E, prix au comptant S, gain $(E-P)-S$)

gains et pertes du vendeur

(graphique : courbe symétrique, premium P, point $E-P$, prix d'exercice E, perte)

ceux *d'écarts plateau* (*strangles*) structurés par l'achat d'un *call* et d'un *put* de même échéance et de prix d'exercice distincts. Chacun à sa façon ils permettent de se couvrir contre une évolution prononcée des cours dont on ignorerait le sens (hausse ou baisse) ; on peut les analyser en combinant les graphiques ci-dessus. Il faudrait aussi évoquer les *swaptions*, c'est-à-dire les options sur swaps, les *caps*, les *floors* ou les *collars*, qui permettent d'imposer des seuils aux fluctuations du taux d'intérêt d'un emprunt ou d'un prêt, les options dites *exotiques* – options sur options, options à barrière (relatives à un cours S plancher ou plafond), options *asiatiques* (pour les *average strike options*). Le prix d'exercice est la valeur moyenne S_m du cours du sous-jacent sur une période déterminée, par exemple le gain d'un call s'élève à max $\{S - S_m, O\}$ avec $E = S_m$, et pour les *average price options*, le gain est lié à une valeur moyenne du cours du sous-jacent, donc celui d'un call atteint max $\{S_m - E, 0\}$, etc. Sur les marchés d'options, des innovations émergent en permanence.

Toutes les stratégies envisageables sur le marché d'une option reposent sur des calculs d'évaluation de cet instrument financier, c'est-à-dire sur la détermination de sa prime.

2. L'évaluation des options

La prime des options retiendra notre attention à divers égards : bien sûr, il s'agit d'abord de la valorisation d'actifs financiers amplement négociés sur les marchés ; mais, par ailleurs, elle relève d'un principe d'estimation essentiel en finance et en théorie économique, puisque nombre d'actifs ou de stratégies s'analysent en référence aux options (obligations convertibles, actifs bancaires, prime d'un système d'assurance de dépôts, financement des investissements en recherche-développement, etc.). En définitive, l'évaluation des options renvoie à la théorie de l'*équilibre général avec marchés contingents*.

Une option est dite *à parité* (*at the money*) quand son prix d'exercice E est égal au cours S de l'actif sous-jacent ; quand son exercice immédiat rapporterait un gain, une option sera dite *en dedans* (*in the money*, c'est-à-dire rémunératrice) et, dans le cas contraire, elle sera dite *en dehors* (*out of the money*). Ainsi, par exemple, un *call* sur action sera *en dedans* si $(S - E) > 0$ et un *put* si $(E - S) > 0$.

À un instant donné, la *valeur intrinsèque* d'une option, que l'on notera VI, correspond à ce qu'elle vaudrait si elle était immédiatement exercée : l'écart entre E et S si l'option est en dedans, et 0 sinon (donc $VI = \max\{S - E, 0\}$ pour un *call* et $VI = \max\{E - S, 0\}$ pour un *put*).

Par ailleurs, un *call*, par exemple, n'est pas exerçable si le cours du sous-jacent est plus favorable que le prix d'exercice : sa valeur est donc nulle. Mais le prix du titre de base peut s'élever avant l'échéance jusqu'à dépasser le prix d'exercice : ce que les investisseurs seront prêts à payer au regard de l'espoir d'exercer l'option est désigné comme la *valeur-temps* ou *surcote*, notée VT. De même, il peut paraître parfois plus avantageux de différer l'exercice d'une option en dedans : la valeur-temps correspond alors à ce supplément de gain envisageable. Bien sûr, quand on se rapproche de l'échéance, VT tend vers 0. La prime d'une option, qui représente sa valeur, correspond à la somme de la valeur intrinsèque et de la valeur-temps. Avant l'échéance, prime = $VI + VT$ et, à l'échéance, prime = VI.

La prime d'une option dépend des caractéristiques de l'actif sous-jacent, du taux d'intérêt à court terme, de la durée de vie de l'option et du prix d'exercice retenu, comme on l'explicitera en raisonnant sur un actif sous-jacent constitué par une action.

Avec un cours du titre de base S très inférieur à E, la probabilité d'exercer un *call* est très faible et la valeur-temps presque nulle ; plus S se rapproche de E et plus cette probabilité augmente, ainsi donc que VT qui est maximale quand $S = E$ (elle s'élève avec l'incertitude) ; enfin, à mesure que croît un écart positif $(S - E)$, il devient d'autant plus certain que l'option sera exercée, et la surcote va décroître. La valeur d'un call apparaît donc comme une fonction croissante du prix S de l'actif sous-jacent et décroissante du prix d'exercice E (voir graphique ci-dessous) ; elle est aussi une fonction croissante de la durée de vie τ de l'option (plus l'échéance est éloignée et plus on aura de chance de se trouver en situation d'exercer l'option).

Prime d'un call : valeur intrinsèque et valeur-temps

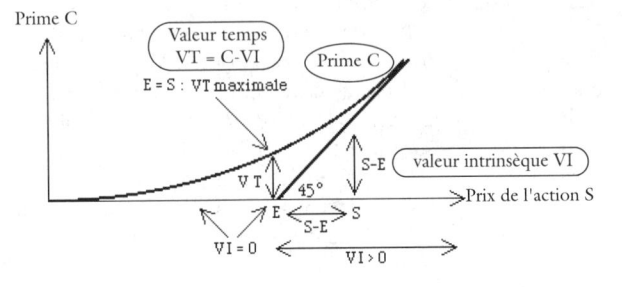

Les hausses des cours étant favorables à l'acheteur d'un *call*, plus le cours de l'actif sous-jacent fluctue, plus l'option a de chance d'être exercée, et plus la prime C sera élevée (en cas d'évolution défavorable de S, la perte serait limitée à la prime) ; ainsi la valeur d'une option est-elle une fonction croissante de la volatilité σ du titre de base (le risque du sous-jacent).

Par ailleurs, l'achat d'un *call* est un mode de couverture requérant une dépense moindre que l'acquisition immédiate de l'action sous-jacente et les capitaux ainsi épargnés peuvent être investis à court terme dans un placement sans risque, jusqu'à l'exercice de l'option : la détention de celle-ci est d'autant plus avantageuse que le taux r de cet investissement est plus élevé, de sorte que les acheteurs de l'option acceptent d'acquitter une prime plus élevée.

Enfin, le versement de dividendes affectant la cote de l'action (le cours de l'action chute mécaniquement après une distribution de dividendes), la prime dépend de leur anticipation (et des signaux que la politique de dividendes des responsables de l'entreprise entend transmettre au marché).

En résumé, la prime d'un *call* sur action sera une fonction :

$$C = f(S^{[+]}, E^{[-]}, \tau^{[+]}, r^{[+]}, \sigma^{[+]}, \text{dividendes}^{[-]})$$

et un même raisonnement ferait apparaître celle d'un *put* comme une fonction :

$$C = f(S^{[-]}, E^{[+]}, \tau^{[+]}, r^{[-]}, \sigma^{[+]}, \textit{dividendes}^{[+]})$$

Des coefficients de *sensibilité* sont suivis très attentivement par les opérateurs : le *delta* $\Delta = \delta C/\delta S$ représente la réaction de la prime C à un mouvement du cours S du sous-jacent ; le *gamma* $\Gamma = \delta\Delta/\delta S$ évalue celle du delta relativement à une évolution de S ; le *thêta* $\Theta = \delta C/\delta\tau$ appréhende l'évolution de la prime à mesure que l'on se rapproche de l'échéance ; le *rhô* $\rho = \delta C/\delta r$ estime l'impact sur la prime d'un changement du taux d'intérêt ; le *vega* $\nu = \delta C/\delta\sigma$ mesure de l'influence sur la prime d'une variation de la volatilité σ de l'action.

Divers auteurs ont entendu formaliser de façon précise ces relations ; sans doute des énoncés mathématiques de *pricing* de diverses options, tels que la formule de Cox-Ross-Rubinstein ou celle de Black-Scholes (prix Nobel 1997) pour les options sur actions (Scannavino, 1995), ont-ils significativement contribué à l'essor des marchés d'options, dans la mesure où ils permettent de chiffrer les avantages d'une stratégie financière.

La *volatilité* du sous-jacent est la seule grandeur vraiment délicate à appréhender quand on a recours à ces formules d'évaluation (les autres étant données, à l'exception des dividendes qui demandent à être anticipés) ; elle est aussi la variable clé : quand un opérateur prend une position sur option, il se fonde sur une estimation de la volatilité (par exemple, un agent sera prêt à assumer l'achat d'un *call* d'autant plus cher qu'il attribuera une volatilité plus élevée au sous-jacent) et, de fait, celle-ci constitue la véritable assise des négociations sur options.

Certes, on peut se rapporter aux évolutions antérieures pour estimer une *volatilité historique* (*historical volatility*) mesurée par l'écart type σ des rendements log (S_{t+1}/S_t) de S ; mais, d'une part, la volatilité n'étant pas la même à court et à long terme *a priori*, quel horizon temporel retenir pour l'estimer ? D'autre part, l'ampleur et la dynamique des fluctuations futures – qu'il conviendrait de modéliser – seront-elles à l'image du passé ?

En partant de la prime observée sur le marché, grâce à la formule de Black-Scholes il est aisé d'en déduire une volatilité, désignée comme la *volatilité implicite* (*implied volatility*) : ainsi, en se rapportant à cette formule, on évalue à 5,13 euros un *call* sur action à trois mois (hors effet des dividendes), de prix d'exercice 50 euros, lorsque le taux d'intérêt est de 5 %, le cours au comptant du sous-jacent de 54 euros, si on estime la volatilité (en base annuelle) de l'action à 20 % ; si cette option cote 5,50 euros, on peut en inférer que le marché lui a attribué une volatilité de 25 %. Le 1er octobre 1998, en plein krach boursier, la volatilité implicite d'un *call* à parité sur l'indice CAC 40 avait atteint 64 % ; sur une période plutôt calme telle que le mois d'avril 1999, elle a évolué entre 20 % et 25 %. En général, des analyses *a posteriori* font apparaître que les tendances de la volatilité implicite correspondent à celles de la volatilité historique, mais avec des fluctuations moins prononcées et souvent déphasées. On peut aussi observer que la volatilité sur courte période peut être plus élevée ou moins élevée que celle de longue période.

Enfin, on relèvera qu'une formule de calcul comme celle de Black-Scholes, identifiant la volatilité à un simple paramètre (sans la modéliser), appelle inéluctablement des réserves.

3. Les options de change

Pour faire apparaître l'intérêt d'une couverture avec les options de change, considérons le cas d'un exportateur américain devant recevoir 100 000 francs dans trois mois. S'il souhaite couvrir sa position, pour ne pas demeurer exposé à un risque de change, comme on l'a vu, il peut d'abord vendre à terme ses francs ; on supposera que le taux à terme F est de 5 francs pour 1 dollar (1 franc valant 0,2 dollar) : l'exportateur est assuré d'obtenir 20 000 dollars. À l'échéance, si le taux de change au comptant est de 4,5 francs pour un dollar, l'exportateur ne peut tirer parti de l'appréciation du franc : sans couverture à terme, il disposerait de 22 222 dollars. En revanche, s'il s'est couvert en achetant des options de vente de francs, au prix d'exercice E de 1 franc pour 0,2 dollar, par exemple, il n'est pas tenu d'exercer ses *puts* et, en vendant ses francs sur le marché au comptant (1 franc pour 0,22222 dollar), il se procurera les 22 222 dollars.

Les options de change sont évaluées selon des énoncés mathématiques tels que la formule de Garman-Kohlhagen.

Le plus important marché organisé d'options de change est aujourd'hui le Philadelphia Exchange (PHLX) et, ayant été ouvert en 1982, il est aussi le plus ancien ; les contrats standardisés y cotent le dollar contre diverses grandes devises. Mais les banques proposent des contrats d'options de gré à gré sur bien d'autres parités ; ces opérations progressent avec dynamisme.

4. Les options sur taux d'intérêt

Nous les présenterons aussi au travers d'un exemple. Un gestionnaire de portefeuille, qui disposera de liquidités dans quelques mois et envisage de les placer alors en emprunts d'État, peut redouter une baisse des taux d'intérêt. Comme on l'a vu, il peut se couvrir en achetant des contrats MATIF ;

il peut aussi acheter des *calls* sur le contrat MATIF, qui lui offrent à la fois une protection et la possibilité de tirer parti d'une hausse des taux. Un principe d'évaluation de ces options est donné par une formule de Black.

5. Les options sur indice boursier et l'assurance de portefeuille

Un *call* sur un indice synthétique tel que le Standard & Poor 100 est une option à l'américaine censée représenter, par construction, 100 fois l'indice en dollars. Supposons que son prix d'exercice soit le niveau 500 de l'indice et son échéance trois mois ; si elle est exercée tandis que l'indice est à 550, par exemple, le gestionnaire recevra une somme de $(550 - 500) \times 100 = 5\,000$ dollars (à l'exercice, on doit livrer de la monnaie, non des titres).

Il existe aussi des options sur indice à plus longue échéance (jusqu'à trois ans), les *long term equity anticipation securities* (LEAPS).

Nous présenterons succinctement les stratégies d'assurance de portefeuille au travers d'un exemple. Le gestionnaire d'un portefeuille parfaitement diversifié (sa valeur évolue comme celle de l'indice de marché, hypothèse simplificatrice) de 1 000 000 de dollars peut souhaiter l'empêcher de descendre, par exemple, en dessous de 900 000 dollars. Si l'indice est de 500, le portefeuille vaut 2 000 fois l'indice : chaque contrat représentant 100 fois l'indice, le gestionnaire achète alors 20 *puts* (à trois mois, par exemple) de prix d'exercice 450 : si l'indice chute à 400, le portefeuille aura pour valeur $2\,000 \times 400 = 800\,000$ dollars, mais l'exercice des *puts* rapportera $20 \times (450 - 400) \times 100 = 100\,000$ dollars : ainsi, le gestionnaire disposera-t-il des 900 000 dollars souhaités (on compléterait ce raisonnement en intégrant le coût de la prime). Des stratégies bien plus complexes, reposant sur la création d'options *synthétiques* et l'emploi d'options sur *futures*, sont envisagées par les gestionnaires de portefeuille.

Chapitre 4

La spéculation sur les marchés dérivés

L'essor considérable des transactions sur les marchés dérivés répond certes à une montée des risques macro-économiques et financiers, mais il traduit aussi le développement de stratégies spéculatives dont il convient alors de redouter les désordres.

Créés pour faciliter les opérations de couverture et approvisionner les marchés au comptant en liquidité, les marchés à terme ont suscité, à diverses reprises, bien des inquiétudes sur leurs éventuels effets déstabilisants, en particulier lors de la crise d'octobre 1987 et, plus récemment, en 1994.

Il faut donc s'interroger sur les avantages qu'ils délivrent, tenter d'apprécier leur intérêt économique, se demander, encore, d'une part, s'ils n'encouragent pas la spéculation, n'incitent pas certains opérateurs à prendre des risques excessifs, mettant par là même en péril les systèmes financiers et, d'autre part, s'ils ne perturbent pas les marchés au comptant, en accroissant leur volatilité.

I. L'ESSOR DES MARCHÉS DÉRIVÉS

On l'a vu, leur émergence a correspondu depuis les années 70 à une amplification des incertitudes relatives aux taux d'intérêt, aux taux de change, aux indicateurs boursiers, et à des difficultés de prévision accrues. Les chiffrages disponibles sont impressionnants.

1. Les évolutions

Certes, la progression du nombre de contrats négociés et du volume des capitaux engagés sur les *marchés organisés* a été spectaculaire. Mais celle des opérations conclues *de gré à gré* n'a pas été moins considérable. Nous considérerons successivement les opérations de swaps et celles ayant pour support des contrats à terme et des options.

- **Les swaps**

L'évolution des transactions en swaps sera présentée selon des chiffrages cohérents, structurés sur la base des risques à couvrir, mais ne reprenant que les données recensées par l'International Swaps and Derivative Association (ISDA). Dans la mesure où il est bien difficile de recenser ces opérations de gré à gré, de telles données sont fragmentaires. Elles reprennent les opérations réalisées par les membres de l'ISDA et par les utilisateurs finals (entreprises, États, institutions financières, autre).

Swaps	*Utilisateurs*	*1987*	*1995*	*1996*
Taux d'intérêt	Membres de l'ISDA	206,6	7 100,6	10 250,7
	Entreprises	128,6	1 774,2	2 093
	Institutions financières	300	3 435	6 274,8
	États	47,6	500,9	552,4
	Autres	...	...	...
	Total	682,9	12 810,7	19 170,9
	(dont swaps en dollars)	(541,5)	(4 371,7)	(5 827,5)
Devises	Membres de l'ISDA	71	619,9	850
	entreprises	51,6	318,7	436,3
	Institutions financières	61,9	378,5	452,4
	États	33,9	190,2	245,9
	Autres	...	...	...
	Total	365,6	2 394,8	3 119,3
	(hors doubles enregistrements)	182,8	1 197,4	1 559,6
	(dont swaps en dollars)	(81,3)	(418,9)	(559,3)
Total	milliards de dollars	865,7	14 008,1	20 730,5

D'après: FMI *ICM* 1998, selon BRI et ISDA.

Il apparaît ainsi que, de 1987 à 1995, le taux annuel moyen de progression des capitaux objets de swaps a été proche de 40 % – le volume des capitaux ayant donné lieu à opération de swaps (encours notionnel) atteignant 14 008 milliards de dollars à la fin 1995 – avec une évolution moyenne sur cette période de 44,3 % pour les swaps de taux d'intérêt et de 26,5 % pour les swaps de devises. En 1995, la progression des capitaux investis en de tels instruments financiers a été très soutenue, atteignant 44 %, soit 45,3 % en swaps de taux et 30,9 % en swaps de devises ; en 1996, elle a été de l'ordre de 48 %, dont 49,6 % en swaps de taux et 30,3 % en swaps de devises.

Les *marges* sur swaps de taux d'intérêt ont sensiblement baissé après 1992 ; elles dépendent du risque de contrepartie, de la concurrence entre opérateurs sur swaps et du coût de la couverture pour ces intermédiaires. Leur nette régression en 1995 a pu s'expliquer d'abord par la diminution des taux d'intérêt aux États-Unis, qui paraissait devoir se prolonger (d'où un moindre besoin de couverture et une plus grande difficulté de trouver une contrepartie désirant du taux fixe), ensuite par le fait que les banques pouvaient constater une amélioration de leur rentabilité et présentaient un moindre risque de contrepartie. Du fait des tensions financières en Asie, ces marges se sont sensiblement relevées par la suite, atteignant au dernier trimestre 1997 leur niveau le plus élevé des cinq années précédentes, portant la part des obligations internationales libellées en dollar à une hauteur record.

• **Les contrats à terme et les options**

Les volumes de capitaux engagés (encours notionnels) sur les marchés organisés de contrats à terme (futures) et d'options ont évolué de la façon suivante.

De 1986 à 1994, le taux annuel moyen de progression des capitaux faisant l'objet d'opérations sur ces marchés a donc été de 40 %. Le nombre de contrats annuellement conclu, représentatif du volume des transactions (*turnover*), a atteint 1 142,9 millions à la fin de 1994. En 1995, ce taux de croissance s'est sensiblement infléchi, passant à 3,64 % et, par ailleurs, il semble que les opérateurs aient plutôt accordé leur préférence aux instruments les plus classiques (*plain vanilla*) en se détournant des options exotiques ; le volume des capitaux abrités ainsi du risque de change s'est contracté et les contrats de futures sur taux d'intérêt ainsi que les contrats d'options sur indices boursiers ont même régressé en nombre. Les raisons en sont diverses : il conviendrait d'évo-

Risques	Marchés organisés	1986	1994	1995	1996	1997
sur taux d'intérêt	Futures	370	5 777,6	5 863,4	5 931,2	7 491,4
	court terme	274,3	5 422,3	5 475,3	5 532,7	7 062,5
	long terme	95,7	355,3	388,1	398,5	426,7
	options	146,5	2 623,5	2 741,8	3 277,8	3 639,8
sur taux de change	futures	10,2	40,1	38,3	50,3	51,9
	options	39,2	55,6	43,5	46,5	33,2
sur indices boursiers	futures	14,5	127,7	172,4	195,9	216,6
	options	37,8	238,4	329,3	378	776,5
Total	milliards de dollars	**618,3**	**8 862,9**	**9 188,6**	**9 879,6**	**12 207,3**
Contrats	*millions*	*315*	*1 142,9*	*1 211,5*	*1 129,4*	*1 206,9*

D'après : FMI *ICM* 1998, BRI, FMI.

quer, d'une part, les pertes spectaculaires sur les marchés dérivés d'institutions comme la banque Barings, Proctor and Gamble, ou le Comté d'Orange et, d'autre part, la baisse des taux d'intérêt dans plusieurs pays industrialisés. Pourtant, la volatilité des changes était à un niveau historiquement élevé, ce qui donne à envisager une inclination accrue pour les contrats conçus de gré à gré. Les données disponibles pour 1996 et 1997 font apparaître une très forte reprise des opérations sur instruments dérivés du fait d'incertitudes relatives à la réalisation de l'Union monétaire européenne et de la crise asiatique.

• **Des vues d'ensemble**

Pour une perception correcte des transactions sur produits dérivés, il apparaît ainsi essentiel de prendre en compte l'ensemble des opérations de gré à gré, dont l'essor est une des grandes tendances récentes : selon l'ISDA, aux 14 000 milliards de dollars engagés en swaps de taux d'intérêt et de devises en 1995, il conviendrait alors d'ajouter environ 3 700 milliards de dollars d'options OTC sur taux d'intérêt ; les transactions OTC auraient ainsi atteint 17 700 milliards de dollars à la fin de 1995 (et plus de

24 000 milliards de dollars en 1996)... encore cette information est-elle très partielle !

D'autres données esquissent une description plus exhaustive ; elles sont issues de recensements statistiques de la Banque des règlements internationaux (1996). Selon ses chiffrages, le montant des capitaux investis en produits dérivés de gré à gré (relatifs aux risques de taux d'intérêt, de taux de change, de cours boursiers et de marchandises), en 1995, s'élèverait à 47 500 milliards de dollars, dont 17 700 milliards de dollars au titre du risque de change, 28 900 milliards de dollars au titre du risque de taux d'intérêt, 600 milliards de dollars au titre du risque boursier. Sur les marchés organisés, les capitaux engagés auraient atteint 16 400 milliards de dollars, dont 15 700 milliards de dollars pour le risque de taux d'intérêt. Ainsi, en 1995, le volume de l'ensemble des transactions sur marchés dérivés aurait-il été supérieur à deux fois le PNB mondial (28 804 milliards de dollars) et de l'ordre du total consolidé des actions, obligations et placements bancaires des États-Unis, du Canada, du Japon et des quinze pays de l'Union européenne (68 000 milliards de dollars). Au regard d'une telle estimation, on peut se demander quelle part relèverait du seul mobile de couverture ?

2. La globalisation des marchés dérivés

Les marchés dérivés sont fortement *globalisés*, terme prenant ici une pluralité de sens.

Évoquons d'abord la provenance aujourd'hui très cosmopolite des contractants : selon des évaluations de la BRI, près de 55 % des opérations de gré à gré sur taux d'intérêt et devises ont mis en jeu des contreparties de nationalités différentes en 1995. La multiplicité des monnaies de référence est désormais un caractère sensible : la part des swaps de taux d'intérêt libellés en dollars est passée de 79,3 % en 1987 à 30,4 % en 1996, ce pourcentage atteignant pour les swaps en devises 36 %.

Par ailleurs, les places les plus importantes demeurent le Chicago Bord of Trade (CBOT, sur lequel 210 millions de contrats ont été négociés en 1995) et le Chicago Mercantile Exchange (CME, 203 millions de contrats) ; en Europe, il s'agit du London International Financial Futures and Options Echange (LIFFE, 132 millions de contrats), du Marché à terme international de France (MATIF, 71 millions de contrats) et de la Deutsche Terminbörse (DTB, 58 millions de contrats). Voici peu de temps, on estimait que les marchés émergents et, notamment, ceux d'Asie du Sud-Est seraient de futures grandes localisations du développement des marchés dérivés... ; ces perspectives sont à revoir, mais l'expansion du nombre de contrats négociés sur marchés organisés au Brésil avait déjà été spectaculaire en 1995.

Cette prolifération des places, qui avive les concurrences (depuis la stagnation des activités en 1995), va de pair avec un effort d'instauration de liens entre elles, les alliances internationales devenant essentielles. Ainsi, le LIFFE a souhaité se lier au CBOT pour les contrats de taux d'intérêt à long terme et au CME pour ceux à court terme. Le CBOT a entrepris d'aider les marchés émergents à instaurer leurs marchés à terme, entendant en devenir actionnaire et nouer des coopérations avec ceux-ci. Le CBOT et le CME, traditionnellement rivaux, ont décidé de nouer autant de coopérations que possible ; le MONEP s'est uni au MATIF. Les marchés européens recherchent des accords...

Enfin, la globalisation des marchés dérivés renvoie encore à leurs relations aux autres marchés financiers : on l'a vu, on ne peut couper les marchés de swaps de ceux des émissions d'euro-obligations pour les échéances longues ou de ceux des eurocrédits pour les moindres maturités ; les taux d'intérêt des eurodevises sont les sous-jacents de contrats à terme etc.

3. Les imbrications des marchés spots et des marchés dérivés

Pour prolonger les observations relatives à la globalisation des marchés dérivés, il faudrait évoquer leurs liens complexes avec les marchés au comptant (*spot*).

Si les risques de marché ont induit un essor des opérations sur les marchés à terme que l'on vient de spécifier, à rebours dans les sections suivantes, on verra que les prix à terme vont influencer les cours, les volumes et la volatilité des marchés au comptant.

Nous envisagerons deux illustrations succinctes de liens des marchés d'options et des marchés au comptant : le premier montrant que la gestion sur options peut activer le marché du sous-jacent, l'autre que les variations d'un indice boursier stimulent inéluctablement les transactions sur options.

– Pour couvrir son portefeuille d'options, un teneur de marché (par refus de spéculer sur le mouvement du sous-jacent) peut s'engager dans une gestion Δ-neutre ; on rappelle que le coefficient Δ représente la variation de la prime d'une option induite par celle du prix du sous-jacent (pour un *call*, par exemple, $\Delta = \delta C/\delta S$. Si le cours S d'une action est de 100 euros, si la prime C d'un *call* sur ce titre est de 15 euros et son Δ de 0,4, un opérateur ayant vendu 10 contrats d'option (devant assumer l'obligation potentielle de livrer 100 actions par contrat), afin de se couvrir pourra se porter acheteur de 0,4 × 1 000 = 400 actions : si le prix S de l'action s'élève de 1 euro, alors la prime de chaque option s'accroîtra de 0,4 euro, la valeur d'un contrat de 40 euros, celle du portefeuille de *calls* de 400 euros – ce qui représente le coût d'un débouclement de position par rachat des *calls* – mais cette charge serait compensée par la hausse de 400 euros de la valeur du portefeuille d'actions (cette gestion garantirait une même neutralité des gains en cas de baisse du cours de l'action). Toutefois, le Δ se modifie à mesure que le cours S évolue et que l'on se rapproche de l'échéance (on avait vu que C est une fonction de S et de τ) ; il faudra donc réagencer fréquemment cette couverture, ce qui sera coûteux : une gestion attachée au coefficient $\Gamma = \delta\Delta/\delta S$ de l'option (un faible gamma signifiant peu d'impact de S sur Δ) pourrait minimiser ces dépenses ; toutefois, elle est confrontée à la contrainte des liens entre Γ, Δ et $\Theta = \delta C/\delta\tau$.

– Pour se protéger de l'éventuel recul d'un indice boursier, ou spéculer sur cette baisse, un opérateur pourra adopter une stratégie *bear spread* (écart baissier), en combinant l'achat et la vente de *puts* de prix d'exercice différents : ainsi, à la mi-octobre 1998, tandis que le CAC 40 était proche de la cote 3 300, des opérateurs envisageant un recul de cet indice avait recommandé l'achat de *puts* CAC 40 de prix d'exercice 3 400 et la vente de mêmes *puts* de prix d'exercice 3 200 à échéance fin octobre, la valorisation maximale d'une telle position étant atteinte sitôt la cote inférieure à 3 200 : le krach du 30 octobre ayant ramené l'indice au niveau 3 040, la position pouvait être soldée avec profits.

4. L'ampleur des engagements

L'essor des montants de capitaux investis en produits dérivés ne laisse pas d'impressionner. Dans la mesure où les intermédiaires financiers sont très engagés dans de telles activités, comme on l'a relevé, on peut nourrir des préoccupations de *risque systémique* : la mise en péril de divers compartiments du système financier par la défaillance d'institutions ayant pris des risques inconsidérés, mal gérés, puis la contagion des désordres (FMI 1998, FMI *ICM* 1997 et 1998).

Des inquiétudes particulièrement vives pourraient s'attacher aux opérations de gré à gré. Des travaux de la BRI (1996), institution extrêmement attentive à la sécurité de ces marchés financiers, incitent à maintenir un souci prononcé de prudence sans, néanmoins, exagérer ces craintes (FMI *ICM* 1997 et 1998). En effet, il ne faudrait pas envisager, comme on l'a fait jusqu'ici, les opérations sur produits dérivés simplement au regard des encours notionnels de capitaux engagés ; il convient plutôt de raisonner, plus techniquement, sur des indicateurs d'exposition au risque des contrats sur marchés dérivés (*credit exposure* ou *money at risk*) : or, dans le courant de 1995, l'indicateur de *replacement value* pour les swaps de taux d'intérêt identifiait une exposition n'excédant pas 4 % du montant des encours notionnels de capitaux ; celle des contrats de gré à gré sur taux d'intérêt n'atteindrait pas 2 % du montant des capitaux engagés, celle des contrats sur devises s'élèverait à 8 % (leur sous-jacent étant plus volatil). Sur les marchés organisés, la considération des dispositifs de garantie, des mécanismes de compensation pour ces opérations, etc., conduit à amenuiser encore de telles estimations du risque effectif.

Naturellement, ces observations n'excluent pas que certaines institutions puissent se placer en position spécifiquement risquée – la faillite de la banque Barings étant là pour le rappeler...

II. L'utilité sociale des marchés dérivés

Les marchés dérivés ont d'abord été créés pour permettre à des agents de se couvrir ; mais, leurs raisons d'être sont bien plus étendues.

1. Marchés dérivés et transferts de risques

Les marchés dérivés ont pour finalité première la protection envers des évolutions futures pouvant se révéler défavorables : ils offrent aux agents qui le souhaitent – producteurs, émetteurs de titres, responsables financiers d'entreprises, gérants de fonds d'épargne, etc. – des moyens pour se couvrir, leur permettant d'échapper aux incertitudes conjoncturelles, en transférant ces risques à d'autres agents moins réticents à assumer ces aléas, qui s'établissent ainsi en spéculateurs. Il s'agit donc de mécanismes d'assurance.

La théorie de ces marchés a été esquissée très tôt et ne cesse de progresser. Ainsi, Keynes dans son livre *A Treatise on Money* (1930) avait-il assimilé l'utilité sociale des marchés à terme et de la spéculation aux avantages de ces possibilités de transmissions de risques désirées par les agents. Sous un semblable point de vue, Hicks dans *Value and Capital* (1953) et Kaldor dans *Essays on Economic stability and Growth* (1961) ont présenté ces marchés dérivés comme des institutions aptes non seulement à sécuriser des prises de décision, mais aussi à favoriser la coordination des stratégies d'agents aux comportements plus ou moins réticents à l'égard du risque : la sphère financière leur devrait une plus grande cohérence.

2. La puissance informationnelle des marchés dérivés

À partir des années 40, Working développera des analyses donnant plutôt comme fondement à la spéculation l'hétérogénéité des informations des agents et, par suite, la diversité de leurs anticipations : d'un tel point de vue, les marchés à terme permettraient surtout de tirer parti d'informations détenues et de rechercher des gains en jouant sur des convictions prévisionnelles. De très nombreux travaux ont explicité cette perspective, parmi lesquels il conviendrait de citer, notamment, ceux de Hirshleifer, Stein, etc.

- **Marchés à terme et transferts d'informations**

Il importe de relever que les marchés à terme ont aussi pour fonction de favoriser les transferts d'informations entre agents et l'homogénéisation des anticipations : l'analyse économique montre que telle est l'une des fonctions du prix à terme en tant que reflet des prévisions des opérateurs et donc de leurs informations (Scannavino, 1995). Les modalités de ces diffusions peuvent être diverses ; elles dépendent, notamment, de la nature des prévisions formées par les agents (adaptatives, rationnelles...), de l'hétérogénéité des informations, des stratégies financières etc. En ce domaine, les raisonnements de la théorie économique atteignent une très grande complexité.

- **Le pouvoir prévisionnel du prix à terme**

On peut se demander si le prix à terme est un estimateur sans biais du prix au comptant futur. Question essentielle pour les opérateurs sur les marchés.

Par exemple, un cambiste sera porté à se demander si le taux de change à terme à trois mois d'une devise lui fournit une indication robuste sur la valeur de celle-ci sur le marché des changes au comptant dans trois mois, hypothèse *d'efficience* (aptitude d'un prix à synthétiser très vite les informations de l'ensemble des opérateurs, en révélant les informations des agents mieux renseignés) *du marché des changes*. L'observation et les analyses statistiques semblent plutôt relativiser cette supposition.

- **Informations et choix d'une couverture optimale**

Supposons qu'un détenteur d'actions, redoutant que ses titres ne perdent de valeur lors d'une cession prochaine, veuille se couvrir en les vendant à terme sur un marché, mais qu'il anticipe un prix futur de l'action inférieur au prix à terme coté ; il sera incité à vendre plus de contrats à terme que ne l'exigerait le seul souci de protéger la valeur de son portefeuille : le prix à terme tendant à rejoindre le prix au comptant à mesure que l'on s'approche de l'échéance, il pourra espérer un gain en rachetant ses contrats à un cours inférieur à celui auquel il les aurait vendus. S'il est très confiant dans ses anticipations et pas trop réticent à une telle prise de risque, le volume de ses opérations sur le marché à terme sera dissocié de son strict besoin d'abriter ses avoirs ; couverture et spéculation seront étroitement imbriquées (Scannavino, 1995).

- **Les incidences des diffusions d'informations**

Le problème est plus délicat encore qu'il n'y paraît, dans la mesure où des couvertures systématiques pourront mener à l'imbrication des marchés au comptant et des marchés à terme : les prix au comptant futurs subiraient alors l'influence des prix à terme, les anticipations des opérateurs régissant donc la suite temporelle des équilibres économiques. De plus, il est envisageable de soutenir que les opérations sur un marché à terme réduiront d'autant plus la volatilité de l'actif sous-jacent – exerçant une influence stabilisatrice – que la qualité des informations diffusées par le prix à terme serait à même d'amenuiser l'incertitude sur le marché au comptant et que les spéculateurs entreprenant de les exploiter seraient assez nombreux pour accroître la liquidité du marché à terme.

- **Valeur sociale et privée des informations**

Dans cette optique, on perçoit aisément que les marchés à terme sont des institutions permettant une meilleure information de l'ensemble des agents. On raisonnera donc sur la valeur *sociale* des données synthétisées qu'ils diffusent. Mais, par suite, les profits spéculatifs deviennent plus difficiles à repérer : la valorisation des informations privées, détenues par les agents ayant fait l'effort de les collecter, sera compromise par la diffusion qu'en assure le prix à terme ; les agents ne seraient guère incités à mieux s'informer, la collectivité pâtissant alors d'un tel excès d'efficience informationnelle (paradoxe de Grossman-Stiglitz).

• Les orientations de la théorie économique contemporaine

L'analyse économique contemporaine entreprend de tirer toutes les conséquences de ces observations : avec la théorie des *marchés contingents* et celle de la *dynamique des équilibres informationnels* – des domaines très abstraits – , elle entend privilégier la considération de l'hétérogénéité des informations détenues par les différents agents et de leurs anticipations (*structures d'informations*). Les coordinations des anticipations et des décisions des différents agents sont au cœur de ses raisonnements.

III. LES INCIDENCES DE LA SPÉCULATION

On se demandera, maintenant, si la spéculation peut être déstabilisante, puis on considérera les risques effectivement redoutés sur les marchés.

1. La spéculation est-elle déstabilisante ?

Le terme de *spéculation* est très souvent entendu dans une acception péjorative ; à tout le moins il suggère des stratégies dissimulées et inquiétantes, des pratiques aux effets déstabilisants, une recherche de lucre légitimement contestable ; communément, on oppose l'activité d'industrie et la création de richesses à cette seule recherche de profits financiers. Toutefois, la spéculation recouvre des réalités disparates et complexes qu'il est malaisé de cerner. On vient d'observer que nombre d'opérations de couverture étaient liées à des opérations spéculatives. On lui a reconnu une utilité sociale.

On pourrait retenir une acception très large de ce terme : *spéculer signifie que l'on accepte que la valeur future de sa richesse soit incertaine*. À tout prendre, elle ne pourrait être évincée qu'avec des structures économiques dépourvues d'incertitude où, corrélativement, toute autonomie décisionnelle serait déniée aux agents. Faut-il vraiment le souhaiter ? Cette définition, simple et très générale, met d'emblée en exergue l'une des questions fondamentales de la théorie économique : la spéculation est-elle déstabilisante ?

Des avertissements à l'égard de la spéculation ont été formulés très tôt ; ils entendaient dénoncer surtout des pratiques frauduleuses. Nombre d'historiens les font remonter au Bubble Act de 1720 promulgué au Royaume-Uni par Walpole sous le règne de George II. Tout au long du XIXe siècle, ils se succéderont sans toujours beaucoup de conséquences positives et sans être nécessairement dénués d'arrière-pensées.

Friedman (1953) est de ces économistes qui dénient à la spéculation la possibilité d'être déstabilisante ; son argumentation, peu aisée à appréhender car des plus succinctes, semble reposer sur l'idée que, si tel était le cas, les spéculateurs en pâtiraient en première instance et interrompraient leurs interventions. Cette ligne de raisonnement a été vivement discutée.

Au demeurant, une multiplicité de sens peut être prêtée à une telle interrogation. La théorie économique énonce les conditions sous lesquelles l'ouverture d'un marché à terme pourrait accroître la volatilité des prix au comptant, comme on l'a déjà évoqué ; elle s'intéresse aussi aux cas où l'instauration d'un tel marché pourrait compliquer la coordination des anticipations des agents (Scannavino, 1995).

2. Les risques des marchés dérivés

Après avoir considéré une crise d'ampleur exceptionnelle, on se demandera dans quelle mesure la spéculation sur les marchés dérivés pourrait être source de risque systémique.

• La crise d'octobre 1987

Le 19 octobre 1987, date d'un mémorable krach boursier, l'indice Standard & Poor's 500 enregistra une chute de 58 points et le Dow Jones Industrial de 500 points, soit des régressions d'environ 20 % ; toutes les bourses mondiales furent pareillement en récession. Les cours des contrats à terme sur indices boursiers marquèrent des baisses plus prononcées encore : le prix du contrat à terme sur l'indice S & P à échéance de décembre 1987, par exemple, céda 81 points (décrue proche de 29 %). On a alors examiné la responsabilité des marchés dérivés dans l'ampleur du choc boursier. De fait, les mécanismes d'*assurance de portefeuille* (dont relevait la gestion de 60 à 80 milliards de dollars de titres, selon le *rapport Brady*) devenaient contre-productifs au regard de la volatilité des cours des actions et de l'ampleur du recul de leurs cours : un tel effondrement incite à des ventes d'actions qui nourrissent la baisse ou à des ventes à terme de contrats de futures sur indices (qui seraient ensuite rachetés moins chers) ; les principes de l'*arbitrage sur indice* induisent aussi des ventes d'actions. La relation liant le cours F d'un contrat de futures sur indice et le niveau S de l'indice sous-jacent, présentée au chapitre 3, fut alors rompue en raison de l'importance de la déflation et de son développement rapide qui ne laissa pas aux arbitrages le temps de la rétablir ; comme le New York Stock Exchange plaça alors des restrictions sur les opérations de *program trading*, l'écart entre F et S ne put plus être résorbé.

De nombreux groupes d'experts se sont penchés, dès le début de 1988, sur ces enchaînements. On peut citer, pour la France, les travaux de la Commission Deguen et, pour les États-Unis, ceux de la Commission Brady, du US General Accounting Office, de l'US Securities and Exchange Commission, des Bourses de Chicago, etc. On a examiné, d'une part, les modes de fonctionnement des marchés dérivés, le niveau des dépôts de couverture, les effets de levier (avec de petites sommes on manipule des capitaux considérables) et, d'autre part, leurs éventuelles déstabilisations des cours au comptant. Des réglementations ont été adaptées.

- **Faut-il redouter la spéculation sur les marchés dérivés ?**

L'essor des opérations sur marchés dérivés, qu'on vient de présenter au travers de chiffrages impressionnants, fait-il courir un risque macro-économique à la sphère financière ?

Aux États-Unis, un rapport, publié en 1994, du General Accounting Office (un service d'études dépendant du Congrès) a soulevé des inquiétudes dans la mesure où il relevait que ces transactions, souvent non recensées et de gré à gré, induisent de considérables transferts de risques échappant largement aux réglementations ; cet organisme a préconisé un renforcement des législations : banques, maisons de titres et compagnies d'assurance devraient être soumises à des règles communes concernant la gestion de leurs positions sur ces marchés, la surveillance et la publication de leurs engagements. Les autorités de contrôle bancaire ont approuvé une résolution, en décembre 1995, tendant à étendre l'*accord de Bâle* sur les fonds propres aux risques de marché. Les instances de tutelle des grands marchés dérivés ont décidé de favoriser la coopération de leurs organes de surveillance et des coordinations prudentielles dans les cas d'urgence. Le comité permanent des euromonnaies du G10 souhaite améliorer la diffusion des informations sur les engagements pris de gré à gré. Au travers de telles préoccupations, les marchés dérivés ont gagné en sûreté. L'adaptation de leurs infrastructures et de leurs réglementations à des fins de sécurité est une exigence émanant des marchés eux-mêmes. Au demeurant, comme on l'a précédemment dit, les analyses du FMI et de la BRI, relatives aux mesures à prendre contre l'exposition au risque des institutions financières opérant sur les marchés dérivés, conduisent à ne pas dramatiser les craintes.

Chapitre 5

L'intégration financière internationale

À présent, on s'attachera à l'intégration financière internationale et à la gestion de portefeuilles internationalement diversifiés.

I. L'INTÉGRATION FINANCIÈRE INTERNATIONALE

Jusqu'à la fin des années 70, les marchés de capitaux apparaissaient *segmentés* selon leurs échéances (crédits et marchés monétaires pour les financements à court terme, marchés financiers pour les opérations à moyen et long terme) et la spécificité des instruments de placement. On parle d'*intégration financière internationale* pour faire référence à la connexion désormais toujours plus avancée des marchés financiers nationaux ainsi qu'à la restructuration et l'expansion des différents marchés internationaux de capitaux, instaurant un marché financier mondial à l'architecture toujours plus compacte, favorisant une circulation plus dense et fluide de l'épargne.

Parmi les facteurs ayant concouru à cette unification, outre l'essor précédemment évoqué des marchés de capitaux et les stratégies internationales des investisseurs institutionnels, on peut évoquer d'abord les progrès et les diffusions des déréglementations et des innovations financières depuis le milieu des années 70, ainsi que les dispositifs prudentiels internationaux ayant pour objet de stabiliser les marchés. Il faudrait considérer encore la libéralisation des mouvements de capitaux, la suppression des contrôles de change, l'ouverture des marchés financiers japonais, la création d'un espace financier européen, les accords entre places boursières, l'instauration de structures financières dans les économies émergentes et, plus généralement, une finance transfrontière (phénomène de *mondialisation*). On devrait s'attacher également à la coordination des politiques économiques, la convergence des cycles de taux d'intérêt, la synchronisation des fluctuations de l'activité des économies industrialisées et les interdépendances cycliques entre économies avancées et économies en développement. Mobilité des capitaux, substituabilité des sources de financement, diversité des possibilités de placement et de couverture : pour un agent à capacité ou à besoin de financement, les virtualités sont démultipliées, les palettes d'arbitrage sont toujours plus complexes et étendues.

Dans le dernier quart du XIXe siècle, les mouvements de capitaux étaient moins contraints encore qu'aujourd'hui ; les transferts de l'épargne avaient alors favorisé l'essor économique de bien des régions du monde, mais ce développement s'était fréquemment interrompu du fait de crises financières dévastatrices (Scannavino, 1996). Les risques ne sont pas moindres aujourd'hui, à l'heure de la crise asiatique, tandis que perdure le souvenir de la crise mexicaine du peso de décembre 1994 et de la crise de la dette du début des années 80 (ayant concerné, notamment, le Mexique, l'Argentine, le Brésil). Les craintes de chocs boursiers qui feraient suite à ceux d'octobre 1998, d'octobre 1989 ou d'octobre 1987, et celles de crises de change sont permanentes. L'instabilité des flux financiers, leurs mobiles de profit, suscitent bien des mises en accusation.

1. Les flux de capitaux

On s'attachera à donner une idée de l'origine et de l'ampleur des transferts financiers, puis on s'interrogera sur le degré d'intégration financière.

• Les mouvements internationaux de capitaux

Le tableau suivant présente un chiffrage de l'épargne et des investissements dans les grands ensembles économiques : un écart négatif correspondant à un besoin de financement externe (cas des États-Unis ou des pays en développement), un écart positif à une capacité d'offre de capitaux au reste du monde (situation coutumière pour l'Union européenne, le Japon ou les nouveaux pays industrialisés d'Asie). L'Allemagne, qui a dû faire face aux charges financières de sa réunification, et le Japon, confronté aux incidences d'une bulle spéculative et atteint par la crise, ne sont plus les « grands réservoirs d'épargne » de l'économie mondiale.

(en % du PIB)

	1976-1983	*1984-1991*	*1992*	*1995*	*1997*
États-Unis :					
épargne	19,5	16,9	14,5	16	17,1
investissement	20,4	19,1	16	17,2	18,2
prêts nets	– 0,9	– 2,1	– 1,5	– 1,2	– 1
Union européenne :					
épargne	22	21	19	20,1	20,5
investissement	21,8	20,7	20,1	19,3	18,9
prêts nets	0,2	0,3	– 1,1	0,9	1,6
Japon :					
épargne	31,5	32,6	33,8	30,7	30,8
investissement	30,9	29,8	30,8	28,6	28,5
prêts nets	0,6	2,8	3	2,1	2,3
Nouvelles économies industrielles d'Asie :					
épargne	nd	34,7	33,4	33,2	33,3
investissement	nd	28,3	31,7	32,4	31,5
prêts nets	nd	6,4	1,7	0,9	1,8
Pays en développement :					
épargne	24,6	22,8	24,5	26,6	26,5
investissement	25,4	24,7	26,4	28,6	27,5
prêts nets	– 0,8	– 1,9	– 2	– 2	– 1

D'après : FMI *Perspectives de l'économie mondiale, mai 1998.*

Bien sûr, à l'heure de la crise asiatique, il convient de s'attacher aux économies de marché émergentes. Événement marquant, le flux des capitaux privés (investissements directs, investissements de portefeuille, emprunts publics et privés) orientés vers les pays en développement, les pays en transition et les nouvelles économies industrielles d'Asie (Corée, Hong-Kong, Singapour, Taiwan et Israël, selon la typologie du FMI), qui avait atteint 240 milliards de dollars en 1996 (15 milliards de dollars en moyenne annuelle sur la période

1984-1989 et 148 milliards de dollars sur 1990-1996), s'est réduit, selon le FMI (*Perspectives*, 1998), à 174 milliards de dollars l'année suivante, à mesure que s'accentuait la crise en Asie (le chiffre attendu pour 1998 étant de 122 milliards de dollars). Les pays d'Asie, au regard de ces apports financiers désormais contraints (1,5 milliard de dollars attendus en 1998 contre 102,2 milliards de dollars en 1996), ont eu l'obligation de corriger leurs *positions extérieures* ; la dépréciation des monnaies et la contraction de la demande intérieure ont induit, mais au travers de difficultés sociales, une amélioration du solde de leurs balances courantes. Les autres économies émergentes (Brésil, Pakistan, République tchèque, Argentine, Mexique...) ont aussi connu un sensible amenuisement de leurs entrées de capitaux.

- **Le degré d'intégration**

Felstein et *Horioka* (1980) ont voulu livrer un *indicateur d'intégration* en se rapportant aux tensions de l'épargne sur l'investissement : si la mobilité internationale des capitaux est grande, une insuffisance d'épargne domestique ne devrait pas être un frein à l'investissement. Leurs travaux statistiques relatifs aux années 60 et 70 ont donné à envisager une mobilité assez imparfaite des capitaux ; des travaux plus récents ont révélé des décisions d'investir moins dépendantes de l'épargne nationale (Bourguinat, 1995 ; Bordes, 1992).

- **L'interconnexion des places financières**

Chaque jour, les commentaires boursiers s'attachent aux évolutions conjuguées des indices des grandes places. Quelle est la réalité de cette interdépendance ? Quels sont les mécanismes de connexion à l'œuvre, autres que la psychologie des marchés ?

Que les mouvements des grands indices ne coïncident pas strictement est manifeste : ainsi, le CAC 40 n'a pas connu une hausse globale d'une ampleur comparable à celle du Dow Jones (les trente principales valeurs industrielles de la bourse de New York) au cours des dernières années – mieux, sur les quatre premiers mois de 1999, la progression respective de ces deux indices a été de 12,7 % et 20 % (dont 10 % de hausse en 24 séances consécutives pour le second) ; la croissance exceptionnellement persistante de l'économie américaine depuis 1991, le rôle international du dollar, etc., expliquent aisément cette non-concordance. Pourtant, leur évolution présente des mouvements similaires (*common trends*). En ce domaine, seul l'examen statistique est probant ; mais les indices boursiers exhibent des tendances prononcées (techniquement, on parlera de leur *non-stationnarité*) qui compliquent les principes méthodologiques de ces analyses. Il faut distinguer les perspectives de moyenne et longue période, venant d'être évoquées, de celles de courte période, mener des *tests de causalité* pour savoir de quelle place serait parti un krach international, examiner les modalités de ses diffusions, etc.

Des explications multiples et complexes (Stansell, 1993), seulement esquissées ici, peuvent être données des mouvements conjoints des places : la synchronisation des cycles économiques des grands pays industrialisés ; la coordination des politiques économiques (à laquelle la convergence des taux d'intérêt en Europe est redevable, par exemple) ; l'impact planétaire de la conjoncture et de la politique économique américaines, celui des évolutions du dollar ; les stratégies internationales des grands investisseurs (et le mimétisme de leurs décisions que d'aucuns ont cru déceler).

2. Les mobiles des transferts de capitaux

Des estimations de rendements et de risques gouvernent les déplacements internationaux des capitaux ; les principes d'une allocation internationale optimale des fonds d'un investisseur seront explicités à la section suivante.

• Les marchés du contrôle

Ici, on relèvera que la globalisation financière a été à l'origine de la diffusion d'un souci de *produire de la valeur actionnariale* pour les entreprises sollicitant des capitaux internationaux, avec l'idée que les actionnaires inciteraient les managers à gérer en se préoccupant fortement de leurs gains : les détenteurs de capitaux pouvant de plus en plus aisément confronter les résultats des entreprises, leurs politiques de dividendes et leurs performances sur les marchés boursiers, et celles-ci devant obtenir la confiance de ses épargnants pour pouvoir se financer par émissions de titres, se préserver de la menace d'offres publiques d'achat (OPA), etc. Avant cette montée en puissance de tels *marchés du contrôle*, on considérait que les actionnaires avaient peu de moyens de résister aux gestionnaires – questions analysées dans le cadre des *théories de l'agence* (analyse de la délégation des décisions en asymétries d'informations). Au demeurant, l'observation des faits donne à penser que les actionnaires ne sont pas forcément myopes, qu'ils ne sont pas insensibles aux stratégies de maximisation de la valeur d'une firme sur longue période.

- **Les grands investisseurs**

Au XIXe siècle, les transferts internationaux étaient organisés par de grands investisseurs, notamment les *merchant banks* ; aujourd'hui, l'attention se reporte inéluctablement sur les fonds communs de placement, les fonds de pension, les compagnies d'assurance, les banques commerciales ou d'affaires, les fonds spéculatifs.

Les décisions de placement de ces institutions financières seront explicitées à la section suivante, mais l'actualité incite à s'attacher quelque peu aux *fonds spéculatifs* (*hedge funds*), des institutions sur les activités desquelles on a peu d'informations, souvent domiciliées sur les places *offshore* (du fait d'avantages fiscaux et de réglementations légères), et dont le capital est détenu par un nombre très restreint d'investisseurs. On les répartit en *macro hedge funds*, établissements prenant des positions considérables et non couvertes, à la hausse ou la baisse, sur diverses places, et en *relative value funds* arbitrant entre des placements étroitement liés (par exemple, des acquisitions de bons du Trésor et d'obligations) ; le capital des premiers aurait été de l'ordre de 25 milliards de dollars à la fin 1997, avec un levier leur aménageant un volume d'investissement de quatre à sept fois plus important ; celui des seconds aurait atteint 75 milliards de dollars avec un levier bien plus élevé. Leurs stratégies reposent sur des prises de risque extrêmes sur des marchés susceptibles de connaître des variations de cours prononcées, très liquides, où les coûts de transactions sont réduits. Elles ont été mises en cause après la crise du SME de 1992, l'agitation des marchés obligataires internationaux de 1994, les déséquilibres asiatiques de 1997 ; la faillite retentissante de l'un des plus importants d'entre eux a suscité aussi bien des mises en cause. Toutefois, l'orientation des pratiques des autres grands investisseurs (qui peuvent détenir des parts de fonds spéculatifs) n'est pas vraiment différente, bien que leur gestion se veuille nettement plus prudente, et leur capital atteindrait 20 000 milliards de dollars... Il est soutenu, parfois, que leurs interventions n'ont pas qu'un caractère déstabilisant : s'ils prennent des positions courtes (vendeuses) sur une monnaie dont la parité ne peut être maintenue, ils seront aussi les premiers à racheter cette monnaie après une crise ; selon le FMI : « Il n'est pas dit que l'on réduira la volatilité des marchés de change ou d'autres actifs en décourageant les fonds spéculatifs de nouer des positions » (FMI, 1998). Cette appréciation nourrit bien des débats, et la nécessité de soumettre ces fonds à des réglementations plus contraignantes est en discussion.

Les grands investisseurs internationaux pratiquent, généralement, une gestion indicielle, acquérant sur chaque place un panier d'actifs représentatif de l'ensemble des valeurs cotées plutôt qu'une sélection étroite de titres, par souci de limiter les coûts de transaction, par nécessité de diversifier leurs risques, mais aussi au regard d'une hypothèse d'*efficience des marchés financiers* : si l'ensemble des informations dont disposent les opérateurs est révélé par leurs stratégies, se diffuse rapidement sur les marchés et se reflète très vite dans les cours, alors les variations futures de ceux-ci (elles seront liées à l'arrivée d'informations radicalement nouvelles) revêtiront un caractère aléatoire – se modélisant alors en termes de marche aléatoire $\Delta p_t = p_t - p_{t-1} = \epsilon_t$ (les ϵ_t étant des grandeurs aléatoires supposées indépendantes) ou de *martingale* – compromettant les espoirs de prévision. Puisque l'on ne peut « battre le marché », il faut en égaler la performance par acquisition d'un instrument le dupliquant (aux États-Unis, 85 % des gérants de portefeuille auraient eu récemment un rendement inférieur à celui de l'indice S & P 500 qu'une gestion indicielle leur aurait assurée). Mais, selon quels principes structurent-ils leurs placements ?

II. LA GESTION DES PORTEFEUILLES

L'analyse de portefeuille a pour propos l'identification de la structure optimale d'une détention d'actifs, donc le choix des modalités d'une diversification des risques. On raisonnera en s'attachant à une place boursière, avant d'envisager des investissements en actifs émis sur diverses places et libellés en des devises différentes.

1. Les principes de la théorie du portefeuille

Les hypothèses, les recommandations et la portée de ces analyses seront successivement évoquées.

• La caractérisation des actifs

Chaque actif de placement – actions, obligations, investissements monétaires, immobilier, foncier, œuvres d'art, valeurs refuges..., en fait tous les éléments de patrimoine – sera identifié par son rendement espéré et par son risque. La spécification d'un rendement est une question parfois délicate. On peut ne pas avoir de certitude à un instant donné sur la valeur de telle œuvre d'art, ne pas être assuré de celle d'un immeuble, s'interroger sur les anticipations de dividendes qui gouvernent le prix d'une action. Par ailleurs, en mai 1999, par exemple, les sociétés figurant dans les indices $S \& P$ avaient un cours représentant 27 fois leurs bénéfices attendus dans l'année (leur rapport prix/bénéfice, le *price-earning ratio* ou PER), contre 15 fois en moyenne au cours des décennies passées : étaient-elles surévaluées en bourse ? Mais la difficulté majeure réside dans la définition statistique du risque d'un titre.

Les modèles de portefeuilles caractérisent simplement le risque d'un investissement financier par l'*écart type* (la racine carrée de la *variance*) de son rendement. Dès lors, le choix des titres à détenir procédera d'un arbitrage reposant sur le fameux critère *espérance-variance*.

De prime abord, cette supposition est abusive. Si les rendements $R = dp/p$ d'un titre de cours p suivent une loi de Gauss (ou loi *normale*), leur densité de probabilité $f(R)$ sera symétrique (moyenne, mode et médiane coïncideront) et le couple espérance-variance $(E(R), \sigma^2(R))$ – les *moments* du premier et second ordre – la caractérisera complètement. Mais, dans le cas général, il n'en va pas de même : il faut parfois considérer les moments de tous les ordres, et très souvent au moins des caractéristiques de dissymétrie (*skewness*) – identifiée au moment centré d'ordre 3 divisé par la puissance cubique de l'écart-type – ou d'*aplatissement (kurtosis)* – le moment centré d'ordre 4 divisé par la puissance carrée de la variance. Or les analyses statistiques tendent à donner l'idée que la distribution des rendements n'est pas symétrique par rapport à l'espérance.

La volatilité du rendement des actions est généralement plus élevée que celle des obligations ; des bulles spéculatives (des écarts prononcés et persistants entre le cours effectif et la valeur fondamentale d'un titre) peuvent émerger sur leurs marchés. Pourtant, de façon paradoxale, diverses études donnent à penser que les actions seraient moins risquées que les obligations. D'une part, on estime qu'aux États-Unis, par exemple, l'écart entre le taux de rendement des actions et des emprunts d'État à court terme – la prime servie par les actions (*equity premium*) – a été, en moyenne, de l'ordre de 6 % sur la période 1890-1979 (de 1948 à 1988 il aurait atteint 8 %), une sécurité pour l'investisseur ; d'autre part, le rendement des actions paraît caractérisé par une propriété de retour à sa valeur moyenne (*mean reverting*) qui en facilite la prévision, rien de tel n'étant décelable pour les obligations. L'appréciation du risque, donc l'allocation des actifs dans les portefeuilles, va ainsi dépendre de l'horizon temporel de la gestion.

- **La caractérisation des préférences**

Par ailleurs, il faudrait s'attacher aux attitudes d'un agent à l'égard du risque, donc raisonner non directement sur les rendements mais sur une *fonction d'utilité* représentative des préférences d'un agent : une fonction $U(W)$ telle qu'on devra avoir $U(W_x) > U(W_y)$ sitôt qu'un actif X procurant une richesse (aléatoire) W_x est préféré à un actif Y délivrant une richesse W_y.

Une *réticence à l'égard du risque* correspond à une fonction d'utilité concave : pour compenser un accroissement de risque, il faut une élévation plus que proportionnelle du rendement espéré, relation restituée par la forme convexe des courbes d'indifférence du graphique ci-après. Mais une fonction d'utilité ne représente pas les préférences de façon univoque : si X est préféré à Y impliquant $U(W_x) > U(W_y)$, on aura aussi $V(W_x) > V(W_y)$ avec $V(W) = g(U(W))$ pour toute fonction g strictement croissante, donc la fonction $V(W)$ représentera aussi les préférences de l'agent ; ainsi, la considération du degré de concavité.

La théorie de la gestion des portefeuilles fonde les prises de décision de placement sur le principe de maximisation de l'espérance d'utilité $E(U(W))$. Or seule une fonction d'utilité très spécifique, la fonction d'utilité quadratique de forme $U(W) = aW - bW^2$ (avec $W < a/2b$ afin que l'utilité s'élève avec R, c'est-à-dire que l'on ait $U'(W) > 0$) ramène les décisions reposant sur la *maximisation de l'utilité espérée* à la seule considération de l'espérance $E(W)$ et de la variance $\sigma^2(W)$: on a $E(U(W)) = E(aW - bW^2) = aE(W) - bE(W^2) = aE(W) - bE(W)^2 + b\sigma^2(W)$ puisque $\sigma^2(W) = E(W^2) - E(W)^2$.

En fait, on peut envisager des exemples de fonctions d'utilité concaves très banales – par exemple, $\log(W)$ – telles qu'un agent réticent au risque devant choisir entre deux titres pourrait préférer celui à la plus forte variance sur la base de l'espérance d'utilité.

Il convient donc de recourir au critère espérance-variance et à la théorie de l'utilité espérée avec une conscience lucide de leurs limites. En fait, il est délicat de donner un sens à une expression telle que « l'actif X est plus risqué que l'actif Y » (problème de Rothschild-Stiglitz) et cet ordre n'est jamais que *partiel* (deux actifs ne sont pas nécessairement comparables).

Par ailleurs, un investisseur peut se soucier de ses pertes potentielles ou, plus généralement, de la probabilité que le rendement de son portefeuille soit inférieur à un seuil plancher, plutôt que de la variance des rendements envisageables. Dans une telle perspective, il peut gérer son portefeuille en s'attachant à un indicateur tel que la *valeur à risque (value at risk)*, ce qui revient à s'attacher aux évolutions les plus défavorables du portefeuille.

En dépit de ces réserves, l'utilité espérée et le critère espérance-variance constituent des perspectives privilégiées en théorie de la décision.

• La frontière efficiente de Markowitz

Avec deux titres X et Y, pris en proportions respectives a et $b = (1 - a)$, formons un portefeuille P : son rendement espéré sera $E(R_p) = E(aR_x + bR_y)) = E(R_x) + bE(R_y)$, sa variance $\sigma_P^2 = a^2\sigma_x^2 + b^2\sigma_y^2 + 2ab\sigma_{xy} = a^2\sigma_x^2 + b^2\sigma_y^2 + 2ab\rho_{xy}\sigma_x\sigma_y$ (avec σ_{xy} et ρ_{xy} désignant, respectivement, la *covariance* et le *coefficient de corrélation* des rendements R_x et R_y, σ_x étant l'écart-type de X et σ_y celui de Y).

Quand $\rho = 1$ (corrélation parfaite des rendements R_x et R_y), on a $\sigma_P^2 = (a\sigma_x + b\sigma_y)^2 > \sigma_x^2$ ou σ_y^2 (la diversification n'a pas réduit les risques) et la relation entre $E(R_P)$ et σ_P est linéaire : $E(R_P) = [(E(R_x) - E(R_y))/(\sigma_x - \sigma_y)] \sigma_P + [(\sigma_x E(R_y) - \sigma_y E(R_x))/(\sigma_x - \sigma_y)]$ (représentée par la droite passant par X et Y sur le graphique suivant).

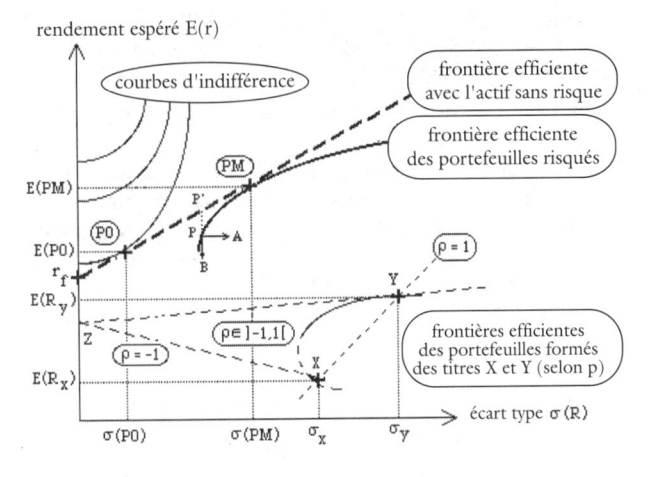

Avec $\rho = -1$, on a $\sigma_P^2 = (a\sigma_x - b\sigma_y)^2$ et $E(R_p) = \pm [(E(R_x) - E(R_y))/(\sigma_x + \sigma_y)]\sigma_P + [(\sigma_x E(R_y) + \sigma_y E(R_x))/(\sigma_x + \sigma_y)]$, équation de deux segments de droite (XZ et ZY sur la figure, où l'on constate qu'en Z la diversification des risques a totalement annulé le risque).

Enfin, si $-1 < \rho < +1$ (corrélation imparfaite), ce lien est restitué par une hyperbole (courbe passant par X et Υ).

Un raisonnement sur n titres risqués imparfaitement corrélés, développé par Markowitz (prix Nobel 1990), conduit encore à considérer une hyperbole dont la partie supérieure est qualifiée de *frontière efficiente des portefeuilles risqués* : tout portefeuille P lui appartenant est *dominant*, présentant moins de risque pour un même rendement qu'un portefeuille A situé sur l'horizontale à sa droite et proposant un meilleur rendement pour un même risque qu'un portefeuille B sur la verticale inférieure.

Les portefeuilles T, combinant l'actif sans risque – concrètement assimilable à des bons du Trésor, par exemple – de rendement assuré r_f donc d'écart type nul (abstraction faite de l'incertitude liée à l'inflation future et, pour un détenteur étranger, du risque de change), en proportion π et un portefeuille P de la frontière efficiente en proportion $(1 - \pi)$, sont caractérisés par un rendement espéré $E(R_T) = E(\pi R_p + (1 - \pi)r_f) = \pi E(R_p) + (1 - \pi)r_f$ et un écart type $\sigma_T = (1 - \pi)\sigma_p$, donc par une relation linéaire $E(R_T) = r_f + [(E(R_P) - r_f)/\sigma_P]\sigma_T$ d'ordonnée r_f.

Parmi toutes les droites joignant r_f à un point de la frontière efficiente des portefeuilles risqués, on privilégiera celle tangente à cette frontière, en notant *PM*, le portefeuille correspondant au point de tangence. La droite passant par r_f et *PM* relative aux portefeuilles conçus par des combinaisons du portefeuille *PM* et de l'actif sans risque, constitue une *frontière efficiente* intégrant l'actif sans risque : ses éléments retiendront l'attention des investisseurs puisqu'ils sont dominants (sur le graphique, *P'* domine *P*).

• Le portefeuille optimal d'un investisseur

Un agent déterminera son *portefeuille optimal PO*, selon son aversion au risque, en considérant la tangence de ses courbes d'indifférence (chacune d'elles représentant un ensemble de couples espérance/écart type donnant un même niveau d'utilité) avec cette frontière efficiente : rationnellement, il se souciera simplement de répartir ses capitaux en investissements dans le portefeuille *PM* et placements sans risque.

- **Le modèle d'équilibre des actifs financiers (MEDAF)**

On supposera que tous les investisseurs se conforment aux principes décisionnels venant d'être évoqués ; on leur prêtera des horizons d'investissement assez voisins et des estimations similaires des rendements anticipés : par suite, ils préciseront à l'identique la frontière efficiente et le portefeuille *PM*. Sur de telles bases, en agrégeant les portefeuilles optimaux, on sera à même de déterminer les demandes de titres et, en considérant l'offre de ceux-ci comme exogène et fixe (leurs encours d'émissions sont des données dans le raisonnement), on pourra donc formaliser un équilibre de marché. Le modèle d'équilibre des actifs financiers de Sharpe-Lintner-Mossin (*capital asset pricing model*, CAPM) en donne l'expression.

Dans ce contexte, le portefeuille *PM* est désigné comme le *portefeuille de marché* : il inclut tous les titres disponibles sur la place (si un titre n'y figurait pas, sa faible demande ferait diminuer son prix d'acquisition, relevant ainsi son rendement et légitimant sa réintégration dans les portefeuilles) dans les proportions de leur capitalisation boursière.

Cette analyse des risques justifie la *gestion indicielle*, c'est-à-dire la détention d'actifs sans risque et d'un portefeuille tendant à répliquer celui qui intégrerait toutes les valeurs d'une place boursière : on diversifie ses risques à l'extrême pour se limiter au *risque systématique* (celui de la place). Concrètement, on peut se référer à un des grands indices synthétiques représentatifs du marché des actions – en France le CAC 40 ou un indice SBF, aux États-Unis le S & P, l'indice NAS-DAQ (valeurs de croissance, notamment technologiques), etc. – et acquérir tous les actifs qui le constitue (réplication pure), mais les coûts de transaction seront élevés ; on peut acquérir une sélection des valeurs de cet indice (réplication par approximation) ; on peut acquérir un instrument dérivé – futures ou options – ayant comme sous-jacent l'indice (réplication synthétique). Plus active, une gestion tiltée cherchera à procurer un rendement supérieur à celui de l'indice sans trop s'éloigner du risque systématique.

On appelle *droite de marché des capitaux* (*capital market line*) la relation rendement-risque valable pour les portefeuilles efficients, $E(R_T) = r_f + [(E(R_{pm}) - r_f)/\sigma_{pm}]\sigma_T$, équation de la frontière efficiente commune à tous les investisseurs ; expression de la demande, elle identifie le *prix du risque* : le second terme représente une prime de risque offerte aux agents, le coefficient $dE(R_T)/d\sigma_T = [(E(R_{pm}) - r_f)/\sigma_{pm}]$ donnant une idée de l'augmentation du rendement espéré requise pour compenser l'acceptation d'une unité de risque supplémentaire.

On peut montrer que la relation d'équilibre rendement-risque pour un titre ou un portefeuille i s'énonce : $E(R_i) = r_f + [(E(R_{pm}) - r_f)/\sigma_{pm}^2] \sigma_{i,pm}$, soit $E(R_i) = r_f + (E(R_{pm}) - r_f) \beta_i$ avec $\beta_i = \sigma_{i,pm}/\sigma_{pm}^2$, équation de la *droite de marché d'un titre* (*security market line*) ; cette formulation s'admet d'autant mieux que l'on appréciera le risque d'un titre en référence à celui de *PM*, s'attachant ainsi à $\sigma_{i,pm}/\sigma_{pm}$, expression que l'on substituera à σ_T dans l'équation de la droite du marché des capitaux. Elle atteste que la prime de risque a pour seule assise le coefficient β_i, ne se rapportant qu'au risque systématique (c'est-à-dire se référant essentiellement à *pm*) : le risque éliminable par diversification n'a pas à être rémunéré.

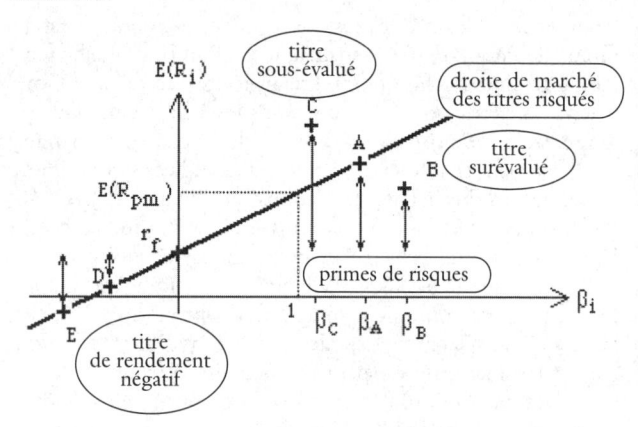

Sur le graphique précédent, on voit que le titre *B* est surévalué : son rendement espéré devrait être plus élevé au regard de sa hauteur de risque β_B, sa prime de risque est trop faible, une baisse de son cours relèverait son rendement. La rentabilité espérée du titre *D* est inférieure à r_f et celle du titre *E*

est négative : leurs *bêtas* étant négatifs (cas des actifs tels que l'or), il s'agit de valeurs *contracycliques* favorisant une diversification de portefeuille.

Cette analyse aboutit, de fait, à un modèle d'évaluation des actifs : si p_i^a désigne le prix anticipé de revente de l'actif i, alors le prix d'équilibre p_i^e est lié au rendement espéré (livré par le MEDAF) $E(R_i) = r_f + [(E(R_{pm}) - r_f)/\sigma_{pm}^2]\sigma_{i,pm}$ par la relation $E(R_i) = (p_i^a - p_i^e)/p_i^e$; par suite, $p_i^e = p_i^a/(1 + r_f + ([E(R_{pm}) - r_f)\sigma_{i,pm}/\sigma_{p,m}^2])$, un modèle de valeur actualisée.

On fera mention de l'une des faiblesses d'un tel principe d'évaluation : si les investisseurs n'ont pas la même évaluation des rendements anticipés des différents titres, alors le portefeuille de marché n'appartiendra pas, nécessairement, à la frontière efficiente.

• Le modèle de marché de Sharpe, les risques systématiques et spécifiques

Si l'on admet avec Sharpe (prix Nobel 1990) – une supposition simple et commode, sans principe théorique, donc une hypothèse forte – que le rendement R_i d'un titre i est lié linéairement à celui R_{pm} du portefeuille de marché par une relation $R_i = a_i + \beta_i R_{pm} + \epsilon_i$ intégrant une perturbation (les termes aléatoires ϵ_i étant supposés d'espérance nulle, non corrélés entre eux ou à R_{pm}), alors la variance de R_i prend une forme assez explicite, $\sigma_i^2 = \sigma_{\epsilon i}^2 + \beta_i^2 \sigma_{pm}^2$: la première composante $\sigma_{\epsilon i}^2$ représente le *risque spécifique* au titre i, la seconde $\beta_i^2 \sigma_{pm}^2$ fait le lien – par le paramètre de sensibilité β_i – avec le risque du portefeuille de marché, donc celui de la place boursière, que l'on a dénommé *risque systématique*.

Cette analyse suggère une gestion des portefeuilles fondée sur la considération des coefficients *bêta* ; de fait, ce principe est très communément adopté. Un titre dont le *bêta* est proche de 1 évoluera comme l'ensemble de la place (le *bêta* de *PM* est égal à 1) ; si son *bêta* est négatif, *a priori* son cours connaîtra des hausses lorsque la place sera en recul (et inversement). Constituer un portefeuille *P*, donc diversifier ses actifs, revient à s'efforcer de réduire, voire annuler, le *risque spécifique* ; mais, si poussée que soit cette diversification sur une place, elle laissera toujours subsister un risque d'ampleur $\beta_p^2 \sigma_{pm}^2$.

À cet égard, des analyses empiriques montrent qu'il n'est pas besoin d'intégrer tous les titres de la place à un portefeuille pour bien le diversifier : en pratique, cet objectif est atteint sitôt qu'aucun des actifs inclus ne représente plus de 5 % de sa valeur. Tandis que l'approche de Markowitz imposait, dans un raisonnement sur n titres, d'estimer $n(n-1)/2$ covariances σ_{ij}, celles-ci s'exprimant à présent $\sigma_{ij} = \beta_i\beta_j\sigma_{pm}^2$, il suffit, pour toutes les appréhender, de connaître les n coefficients β_i. Une analyse de variance classique (celle d'une estimation par moindres carrés) établira que $\beta_i = \sigma_{ipm}/\sigma_{pm}^2$. Toutefois, les estimations statistiques des coefficients β_i font douter de leur constance.

2. Les portefeuilles internationalement diversifiés

On examinera les avantages pouvant être délivrés par une diversification internationale des investissements.

- **Une diversification approfondie**

Naturellement, la possibilité d'investir dans des économies en forte croissance et d'acquérir des titres de sociétés étrangères particulièrement performantes étendra la gamme des placements intéressants. Dans la mesure où les mouvements des différentes places sont imparfaitement corrélés, le risque systématique serait inférieur à celui propre à une place financière, de sorte que les gains procurés par la diversification seront *a priori* étendus.

- **Les objectifs de gestion**

On peut observer que le rendement des actions sur longue période (par exemple, depuis le début des années 80) a été nettement supérieur à celui des obligations dans toutes les économies développées. Les principes de diversification venant d'être évoqués conduiront donc à intégrer aux portefeuilles des titres – actions et obligations – tant étrangers que domestiques, ainsi que des actifs monétaires. Néanmoins, une institution financière telle qu'un fonds de pension peut envisager une gestion assez différente : les rentes qu'elle devra servir correspondent à des flux fixes de paiements (à pouvoir d'achat devant être préservé), analogues à ceux d'une obligation à long terme (actif abstrait de référence qualifié de *benchmark*), son objectif sera de concevoir un portefeuille aux flux de revenus accordés autant que possible à de telles contraintes de versements : limitant les écarts entre son rendement espéré et le rendement du *benchmark* (*tracking error*). La structure optimale de ce portefeuille devra alors privilégier les actions et les obligations domestiques et, au sein des investissements étrangers, accorder une part plus importante aux actions qu'aux obligations ; la répartition effective des actifs d'un fonds de pension américain apparaît bien correspondre à cette orientation (Boulier-Dupré, 1999).

- **Le risque de change**

De tels investissements multidevises seront, toutefois, exposés à des risques de change. Mais, d'une part, ces derniers seront amenuisés par la diversification des monnaies de placement ; d'autre part, ils ne viennent pas strictement rehausser le risque de place (une dépréciation de l'euro, par exemple, améliorera la compétitivité d'une entreprise française exportatrice, donc relèvera le cours de ses actions et leur rendement, ce qui rassurera les investisseurs étrangers).

- **Le risque d'instabilité de place**

Néanmoins, à l'évidence, la crise asiatique a été source de pertes substantielles pour nombre d'institutions financières : dans leur ensemble, les marchés émergents sont caractérisés par des espérances de rendement élevées mais aussi de fortes volatilités (favorisées encore par leur étroitesse) et ils ont été pris, depuis 1997, dans la tourmente des krachs ; à plusieurs reprises, leurs difficultés ont retenti sur les grandes places boursières.

De surcroît, il est délicat d'appréhender le risque d'une place, quelle que soit sa maturité. Attachons-nous, par exemple, au cas du New York Stock Exchange sur la période récente ; les ménages américains ont vu leur épargne investie en bourse (les actions constituaient 25 % de leurs actifs en 1998, contre 8 % en 1984) s'apprécier, en moyenne, de 15,5 % par an depuis le début des années 90 ; le krach boursier de 1998 n'a pas affecté leur confiance dans les placements financiers ni réduit leur consommation : ils ont encore contracté la part de leurs revenus épargnés (taux d'épargne), procédé à des liquidations d'actifs et accru leur endettement. Mais, dans quelle mesure cette situation n'est-elle pas instable ? Quel impact auraient une décélération de l'activité, un progrès du chômage, une remontée des taux, un retour des cours boursiers vers des valeurs plus raisonnables (moindres PER) sur la situation financière des ménages et sur leurs comportements d'épargne et de placements ?

- **Le risque de krach**

Les détenteurs de portefeuilles boursiers, craignant des évolutions baissières ou heurtées de tels ou tels titres détenus, cherchent à se préserver par des diversifications de risques, procédant de sélections d'actifs, selon des principes venant d'être exposés. Toutefois, il leur sera plus difficile de se prémunir d'une chute de l'ensemble des titres cotés sur leur place financière, d'autant que les reculs peuvent être brutaux et enregistrés sur divers marchés boursiers nationaux (il faut alors recourir aux techniques d'assurance de portefeuille évoquées dans les chapitres antérieurs, aux *obligations convertibles*, aux *warrants*, etc.). En octobre 1987, octobre 1989 ou octobre 1998, notamment, les décrochages ont été prononcés et communs à l'ensemble des places boursières.

Attachons-nous au plus récent de ceux-ci : en deux jours (mercredi 30 septembre et jeudi 1er octobre 1998), l'indice SBF 120 a régressé de 8,46 % et sur l'ensemble de cette semaine son recul a atteint 8 % ; durant cette même période, le Dow Jones (New York) a chuté de 5,3 %, le Nikkei (Tokyo) de 3,6 %, le FTSE 100 (Londres) de 6,4 % et le Dax (Francfort) de 13,1 %.

Au demeurant, ce krach doit être replacé dans la perspective d'un recul sensible des indices parisiens sur les trois derniers mois, après une progression continue depuis 1995 (sur une base 1 000 en fin 1990, un indice large comme le SBF 250 est passé d'environ 1 200 à 2 800 points entre octobre 1995 et octobre 1998, soit une hausse annuelle moyenne de 32,6 %) : le SBF 120 dont le niveau était proche de 2 070 points à la fin septembre 1997 s'était porté assez régulièrement – une baisse non négligeable avait toutefois été enregistrée en octobre 1997 – au niveau des 2 956 points le

17 juillet 1998 (hausse de l'ordre de 42,8 %) pour revenir à 2 077 points le 2 octobre 1998 (baisse de 29,7 %) ; les évolutions du CAC 40 avaient été assez similaires (un cours de clôture record de 4 388 points atteint le 17 juillet 1998, avec une performance absolue à 4 404 points réalisée en cours de séance le 20 juillet 1998 et une baisse brutale jusqu'à l'indice 3 039, le 2 octobre 1998).

La cause de ce choc boursier a été incidente : les opérateurs new-yorkais avaient réagi à des propos assez pessimistes sur la croissance de leur économie et à une baisse du taux d'escompte (condition des emprunts de liquidités des banques auprès de la Banque centrale, la Réserve fédérale, et reflet des intentions de politique monétaire) jugée nettement insuffisante pour avoir un effet de relance ; ce choc s'était diffusé sur les autres places. Propos difficilement éclipsable, Alan Greenspan, président de la Réserve fédérale, avait présenté, en 1997, l'essor des indices boursiers américains comme une « exubérance irrationnelle ».

Cette réaction était brutale et prononcée mais, au cœur de la crise asiatique, elle n'allait pas à l'encontre des *fondamentaux* que l'on peut identifier, en première approximation, aux prévisions de croissance, aux anticipations de bénéfices des sociétés, aux évolutions des taux d'intérêt à long terme et aux taux change. Les prévisions de croissance se révisaient en France à la baisse (l'activité au cours du 3ᵉ trimestre 1998 ayant été particulièrement atone, progressant de 0,4 % contre 0,9 % et 0,8 % au cours des deux précédents trimestres) ; toutefois, il faut se souvenir que le cours des actions est assez faiblement procyclique en France (coefficient de corrélation avec le PIB de 0,04, contre 0,21 aux États-Unis, FMI 1998). Les bénéfices de l'ensemble des sociétés françaises ont bien moins progressé en 1998 qu'en 1997 et leurs anticipations pour les valeurs du CAC 40 avaient été fortement corrigées à la baisse en juillet et, plus nettement encore, tout au long du dernier semestre de 1998.

Aux États-Unis, en octobre 1998, les taux d'intérêt à long terme étaient bas relativement aux taux courts (structure des taux d'intérêt plate voire inversée) et les marchés craignaient un ajustement par une hausse des taux longs ; en France, on s'interrogeait sur l'instauration de l'euro et sur les orientations de la politique monétaire. De surcroît, le dollar reculait face au franc ; or on a toujours pu observer un étroit parallélisme, au long des années 90, entre les mouvements du dollar et ceux du CAC 40. La visibilité des marchés était des plus réduites.

Les capitaux se sont alors orientés vers les placements obligataires. Les valeurs *défensives* et les valeurs *cycliques* (évoluant à l'instar de l'activité économique) ont aussi suscité l'intérêt des investisseurs les plus confiants. Néanmoins, 1998 a été un bon millésime boursier du fait d'une forte baisse des taux d'intérêt, les craintes de récession ont reçu un démenti (avec une croissance estimée à 3 % en 1999, les États-Unis demeurent la locomotive de l'économie mondiale) et les bénéfices anticipés pour 1999 et 2000 n'ont pas traduit de pessimisme.

Conclusion

On vient de décrire des flux de capitaux toujours plus abondants et plus complexes, irriguant très sélectivement et de façon versatile l'économie mondiale, gouvernés par des mobiles de profit. La libéralisation croissante des mouvements de capitaux depuis les années 80 explique cette expansion.

La considération de ses incidences sur la politique économique, sur les monnaies, etc. sort du cadre de ce bref ouvrage. De même, on n'a pu s'attacher, comme il aurait convenu, au fait que les mécanismes de marché privent les pays en difficulté des ressources dont ils auraient besoin : à l'évidence, une allocation des capitaux gouvernée par la seule considération des rendements anticipés et des risques s'accommode de pénuries financières dans de vastes régions du monde. Quelles tutelles internationales seraient à même de faire valoir d'autres normes ? Quelles coopérations pourraient promouvoir une rationalité des transferts internationaux de capitaux, préservant l'autonomie des décisions tout en cherchant à concilier efficacité et équité ?

À tout le moins, on a fait observer que la stabilité des marchés financiers est une préoccupation essentielle. Elle suppose des règles d'organisation dont les marchés peuvent spontanément se doter ou que des réglementations peuvent définir ; elle nécessite aussi certaines transparences (l'exposition aux risques des institutions financières, notamment, ne peut être une information confidentielle). Le débat de ces matières est constitutif d'une large part de l'analyse économique.

Annexe

Structure des marchés internationaux de capitaux

La typologie suivante des marchés internationaux de capitaux est proposée par l'OCDE.

(Milliards de dollars)

Année	Prêts bancaires internationaux			Obligations internationales		Actions internationales	Facilités d'émissions non garanties		Total
	Eurocrédits	Prêts étrangers	Facilités garanties	Euro-obligations	Obligations étrangères		Eurobillets de trésorerie	Euro-effets à moyen terme	
1992	116,2	1,7	6,7	276,1	57,6	23,5	28,9	99	609,7
1993	136,1	0,6	8,2	394,6	86,4	40,7	38,4	113,6	818,6
1994	235,3	0,9	4,9	368,4	60,2	44,9	30,8	222	967,6
1995	369,6	0,6	3,8	371,3	96	41	55,9	346,1	1 284,3
1996	344,5	0,7	4,5	589,8	119	57,7	81,3	374,1	1 571,6
1997	389,7	0,7	2,7	735,1	96,5	85,1	48,5	411	1 769,3

D'après : OCDE, Tendances des marchés des capitaux.

Bibliographie

Rapports annuels

BRI : *Rapports annuels*
OCDE : *Tendances des Marchés des Capitaux.*
OCDE : *Perspectives économiques.*
FMI : *Perspectives de l'économie mondiale.*
FMI : *International Capital Markets* (noté *ICM*).

Ouvrages et articles

AFTALION F., *Marchés des changes et produits dérivés*, PUF, 1996.

BEKERMAN G., *Les Eurodollars*, PUF, 1997.

BITOC C. et FONTAINE P., *Les Marchés financiers internationaux*, PUF, 1991.

BLACK F. et SCHOLES H., « The pricing of options and corporate liabilities », *Journal of Political Economy*, 1973.

BORDES C., « Feldstein-Horioka dix ans après. » In : E. Girardin : *Finance internationale, l'état actuel de la théorie*, Économica, 1992.

BOULIER J.-F. et DUPRE D., *Gestion financière des fonds de retraites*, Économica, 1999.

BOURGUINAT H., *Finance internationale*, PUF, 1996.

DUFLOUX C. et MARGULICI L., *Finance internationale et marchés de gré à gré*, Économica, 1997.

FERRANDIER V. et KOEN R., *Marchés de capitaux et techniques financières*, Économica, 1994.

FONTAINE P., *Gestion financière internationale*, Dalloz, 1997.

GRABBE J.O., *International Financial Market*, Prentice Hall, 1996.

HULL J.C., *Options, Futures, and other Derivatives*, Prentice Hall, 1997.

JACQUILLAT B. et SOLNIK B., *Marchés financiers, gestion de portefeuilles et des risques*, Dunod, 1989.

MATHIS J., *Marchés internationaux de capitaux*, Économica, 1998.

PONCET P., PORTRAIT R. et HAYAT S., *Mathématiques financières*, Dalloz, 1996.

SIMON Y., *Techniques financières internationales*, Économica, 1993.

SCANNAVINO A., *Les Prix*, PUF, 1995.

SCANNAVINO A., « L'instabilité financière à la fin du XIXe siècle. » In : Breton, Broder et Lutfalla, *La Longue stagnation, l'autre grande dépression*, Économica, 1996.

STANSELL S., *International Financial Market Integration*, Blackwell, 1993.

Revues internationales sur les marchés de capitaux

Euromoney
Financial Management
The Banker
World Financing Market (Morgan Guaranty)

Revues internationales théoriques et techniques

International Financial Review
Journal of Banking and Finance
Journal of Finance
Journal of Financial Economics
Journal of Futures Markets
Journal of International Money and Finance
Journal of Money, Credit and Banking
Journal of Political Economy
Review of Research in Futures Markets

Revues françaises

Banque
Eurépargne
Finance
Marchés et techniques financières
Option finance
Revue d'analyse financière
Revue d'économie financière
Revue française d'économie

Index

actifs contingents : 53
actions internationales : 51
ask : 20, 21, 27, 38, 61, 65, 67
assurance de portefeuille : 83, 96, 116
aversion au risque (Voir réticence au risque) : 110

Bank for International Settlements (Voir Banque des règlements internationaux) : 19
banque des règlements internationaux : 19, 54, 88
banques participantes : 31
base (*basis*) : 67
benchmark : 115
bid : 20, 21, 22, 27, 38, 61, 65, 67
billets de trésorerie : 12, 37, 49, 51
bons du Trésor : 104, 109
bons du Trésor à intérêt annuels : 74
bons du Trésor américain : 12
bulldog bonds : 38
bulles spéculatives : 62, 101, 107

call : 76, 77, 79, 81
capital asset pricing model (Voir modèle d'équilibre des actifs financiers) : 111
capital market line (Voir droite de marché des capitaux) : 111
certificats de dépôt : 15, 19, 20, 24
clearing : 38, 50
coefficient bêta : 112, 113, 114
commercial paper : 12, 49, 50, 51
commissions d'un syndicat bancaire : 31, 43

compensation (Voir clearing) : 38
contrats à terme : 53, 62, 64, 65, 70, 73, 74, 75, 76, 85, 87, 89, 93, 96
contrats forward : 64
courbe des taux (Voir structure des taux d'intérêt) : 22
coût du portage : 68, 73
couverture : 8, 53, 63, 65, 68, 69, 70, 72, 73, 74, 82, 84, 86, 88, 90, 94, 95, 97, 100
crédits consortiaux : 37
crise asiatique : 7, 33, 46, 87, 100, 101, 115, 117
crise d'insolvabilité d'une eurobanque : 36
crise mexicaine du peso : 100
critère espérance-variance : 106, 108
cross default : 28

de gré à gré : 64, 85
delta d'une option : 80, 90
déport : 67
dépôts à terme : 12, 19, 20, 27
diversification : 109
diversification de portefeuille : 109, 112
diversification des risques : 106, 114
droite de marché d'un titre : 112
droite de marché des capitaux : 111
dual-currency bonds : 46
duration : 35

écart baissier : 90
écart plateau : 77
efficience des marchés de change : 93

efficience des marchés financiers : 58, 94, 105
épargne mondiale : 100, 102
equity premium : 107
euro-billets de trésorerie : 51
euro-bonds (Voir euro-obligations) : 37
euro-effets garantis : 50
euro-effets non garantis (Voir facilités non garanties) : 51
euro-notes à moyen terme sans garantie : 51
euro-obligations : 19, 37, 38, 40, 42, 43, 44, 46, 47, 50, 54, 59, 89
euro-obligations à taux fixe : 44
euro-obligations convertibles : 45
euro-obligations en deutsche marks : 47
euro-obligations en dollars : 47
euro-obligations en yens : 48, 49
eurobanques : 9, 10, 13, 14, 17, 18, 19, 20, 21, 22, 24, 25, 27, 34, 35, 36
eurocentres : 14, 15, 16
eurocredit revolving : 26
eurocrédits : 9, 14, 16, 19, 26, 27, 28, 29, 30, 31, 33, 35, 36, 37, 39, 42, 45, 50, 52, 56, 89
eurocrédits à taux fixe : 26
eurocrédits à taux flottant : 26
eurodevises : 8, 9, 10, 13, 14, 16, 19, 20, 22, 23, 89
eurodollars : 9, 10, 11, 12, 13, 14, 16, 17, 18, 21, 23, 24, 35, 71
eurocentres : 16
euromarchés : 13, 19, 34, 36

fenêtre de swap : 59
floating rate notes (Voir euro-obligations à taux variable) : 44
fonction d'utilité : 108
fondamentaux : 107, 117
fonds de pension : 114, 115
fonds spéculatifs : 104

foreign bonds (Voir obligations étrangères) : 48
formule de Black : 83
formule de Black-Scholes : 80, 81, 82
formule de Cox-Ross-Rubinstein : 80
formule de Garman-Kohlhagen : 82
forward rate agreements : 35
frontière efficiente de Markowitz : 109, 110, 111
futures : 35, 63, 65, 70, 72, 75, 87, 97, 111

gamma d'une option : 80, 90
gamme des taux (Voir structure des taux d'intérêt) : 22
gestion Δ-neutre : 90
gestion indicielle : 75, 105, 111
gestion tiltée : 111

innovation financière : 10, 13, 44, 55
intégration financière : 7, 99, 102
interdépendance des places boursières : 102
Interest Equalization Tax : 11, 13, 39, 47
International Banking Facilities : 15
International Swaps and Derivative Association : 54, 85

jambe fixe d'un swap : 57
jambe variable d'un swap : 57

kangourou bonds : 38
krach d'octobre 1987 : 96
krach d'octobre 1998 : 91, 116

lead manager : 30, 31, 42
LIBID : 15
LIBOR : 14, 15, 19, 20, 23, 24, 27, 32, 45, 50, 56, 57, 58, 60, 61, 62
lignes de crédit : 26
LIMEAN : 15

long term equity anticipation securities : 83

marché à terme : 64
marche aléatoire : 105
marché gris : 43
marchés dérivés : 53
marchés du contrôle : 104
marchés émergents : 101, 102
marchés hors bourse (Voir de gré à gré) : 64
marges sur swaps : 40, 58, 59, 86
market makers (Voir teneurs de marché) : 38
MATIF : 63, 68, 70, 71, 73, 74, 75, 82, 83, 89
mean reverting : 107
modèle d'équilibre des actifs financiers : 111, 114
modèle de marché de Sharpe : 113
mortgage-backed eurobonds : 45
multi option facilities : 50
multiplicateur d'eurodevises : 18

notes issuance facilities : 50

obligations à coupon zéro : 46
obligations assimilables du Trésor : 74
obligations étrangères : 37, 38, 39, 42, 46, 47
obligations étrangères en deutsche marks : 47
obligations étrangères en francs suisses : 49
offer (Voir ask) : 20
option à parité : 78
option de change : 82
option en dedans : 78
option en dehors : 78
option sur action : 79, 80, 90
option sur futures : 35
options : 8, 35, 45, 53, 76, 77, 78, 80, 81, 83, 85, 87, 89, 90, 111

options exotiques : 77, 87
option sur indice boursier : 83, 87
option sur taux d'intérêt : 82
over the counter (Voir de gré à gré) : 64

pari passu : 28
parité des taux d'intérêt couverte : 69
portefeuille : 19, 99, 106, 110, 114, 115, 116
portefeuille de marché : 111
prêteur en dernier ressort : 36
prêts adossés : 56
prêts bancaires étrangers : 25
prêts interbancaires : 9, 10, 16, 19, 24, 25
prêts parallèles : 55
price-earning ratio : 106, 116
prime d'une option : 76, 78, 80
prime de risque : 44
prime de risque des eurocrédits :
prix d'exercice : 76, 79
prix du risque : 112
put : 76, 78, 80, 82, 90
put sur action : 76

réglementation M : 12
réglementation Q : 12
Rembrandt bonds : 38
report : 67
repurchase agreement : 23
Réserve fédérale : 12, 117
réserves obligatoires : 14, 15, 17, 18, 22, 24
réticence à l'égard du risque : 107
revolving underwriting facilities : 50
rhô d'une option : 80
risque de base : 69
risque spécifique : 112, 113
risque systématique : 111, 113, 114
risque systémique : 91
risques boursiers : 88

risques de change : 34, 54, 88, 115
risques de contrepartie (Voir risques de défaut) : 27
risques de défaut : 26, 27, 28, 34, 36, 37, 55, 58, 60, 65, 72, 86
risques de taux d'intérêt : 34, 35, 54, 60, 65, 70, 71, 88
risques des euromarchés : 34
roll over : 27, 28

Samouraï bonds : 48
security market line (Voir droite de marché d'un titre) : 112
shells : 12, 13
skewness : 107
spéculation : 8, 55, 60, 64, 74, 84, 94, 95, 96
spread : 29
spread des euro-obligations : 43
spread des eurocrédits : 28
stand by : 26
stellage : 76
straddle (voir stellage)
strangle (Voir écart plateau) : 77
structure des taux d'intérêt : 35, 59, 60, 61, 74
swap plain vanilla : 57, 58, 59, 61, 62
swaps : 28, 40, 53, 54, 55, 56, 58, 59, 60, 61, 62, 76, 85, 86, 87, 88, 89, 91
swaps de devises : 62
swaps de taux d'intérêt : 56, 57, 61
syndicat bancaire : 30, 31, 42, 50
syndicat de direction : 42

syndicat de garantie : 50
syndicat de placement : 30, 43
syndicat géré : 30

taux de change à terme : 65
tender panel : 50
teneurs de marché : 38, 65, 90
term credits : 26
théorie des marchés contingents : 95
thêta d'une option : 80
tracking error : 115

utilité espérée : 108
utilité sociale de la spéculation : 64, 92
utilité sociale des marchés dérivés : 92

valeur actionnariale : 103
valeur des informations : 94
valeur intrinsèque d'une option : 78
valeur-temps d'une option : 78
valeurs contracycliques : 112
valeurs cycliques : 118
value at risk : 108
vega d'une option : 80
volatilité : 80, 81, 94, 97
volatilité historique : 81
volatilité implicite : 81
Voluntary Foreign Credit Restraint Program : 11

warrants d'actions : 45
warrants d'obligations : 45

xénodevises : 9

Yankee bonds : 38, 40, 47

Imprimé en France par I.M.E. Baume-les-Dames
Dépôt légal : octobre 1999
N° d'imprimeur : 13702